LES NOUVEAUX IMPOTS

TEXTE OFFICIEL ET COMPLET
DE LA
LOI DU 25 JUIN 1920
portant création de nouvelles ressources fiscales

Suivi de la Liste des Objets taxés comme Objets de Luxe

TABLEAU DES ARTICLES

"ÉDITIONS & LIBRAIRIE"
Etienne CHIRON, Editeur
40, Rue de Seine, Paris

Prix : 1.50

Loi du 25 Juin 1920
portant création de nouvelles ressources fiscales

Le Sénat et la Chambre des députés ont adopté,
Le Président de la République promulgue la loi dont la teneur suit :

TITRE PREMIER
CONTRIBUTIONS DIRECTES

Article premier. — Les articles 12, 18, 23, 31, 47 et 53 de la loi du 31 juillet 1917 sont modifiés ainsi qu'il suit :

« Art. 12. — Pour le calcul de l'impôt, la portion du bénéfice n'excédant pas 1,500 fr. est comptée pour un quart ; la fraction comprise entre 1,500 et 5,000 fr. pour un demi ; le surplus pour la totalité.

« Le taux de l'impôt est fixé à 8 p. 100. »

« Art. 18. — Sur le montant du revenu de l'exploitation agricole calculé ainsi qu'il est dit à l'article précédent, l'exploitant n'est taxé que sur la fraction supérieure à 1,500 fr. et il a droit à un déduction de moitié sur la fraction comprise entre 1,500 et 4,000 fr.

« Le taux de l'impôt est fixé à 6 p. 100. »

Art. 23. — Les revenus provenant des traitement publics et privés, des indemnités et émoluments, des salaires, des pensions, à l'exception de celles servies en vertu de la loi du 31 mars 1919, et des rentes viagères sont assujettis à un impôt portant sur la partie de leur montant annuel qui dépasse, savoir :

« 1° Pour les pensions et rentes viagères, la somme de :

« 3,600 fr. pour les pensions et les rentes viagères constituées par des versements périodiques successifs ou servies bénévolement par des patrons à leurs employés à titre d'ancienneté de services ;

« 2,000 fr. pour les rentes viagères constituées au moyen du versement d'un capital ou acquises par voie de legs ou de donation ;

« 2° Pour les traitements, indemnités, émoluments et salaires, la somme de :

« 4,000 fr., dans les communes de 50,000 habitants et au-dessous ;

« 5,000 fr., dans les communes de plus de 50.000 habitants ou situées dans un rayon de 15 kilomètres à partir du périmètre de la partie agglomérée d'une commune de plus de 50,000 habitants ;

« 6,000 fr., à Paris et dans les communes de la banlieue dans un rayon de 25 kilomètres à partir du périmètre de l'octroi de Paris.

« En outre, pour le calcul de l'impôt, la fraction du revenu imposable comprise entre le minimum exonéré et la somme de 8,000 fr. est comptée seulement pour moitié.

« Le taux de l'impôt est fixé à 6 p. 100.

« Les allocations aux familles nombreuses (sursalaire familial, allocations familiales), versées exclusivement par des employeurs ou des groupements d'employeurs à leur personnel ne rentrent pas, pour le calcul de l'impôt, dans les revenus visés par le présent article. »

« Art. 31. — L'impôt ne porte que sur la partie du bénéfice net dépassant la somme de :

« 4,000 fr., si le contribuable est domicilié dans une commune de 50,000 habitants et au-dessous ;

« 5,000 fr., si le contribuable est domicilié dans une commune de plus de 50.000 habitants, ou située dans un rayon de 15 kilomètres à partir du périmètre de la partie agglomérée d'une commune de plus de 50,000 habitants ;

« 6.000 fr., si le contribuable est domicilié à Paris ou dans une commune de la banlieue dans un rayon de 25 kilomètres à partir du périmètre de l'octroi de Paris.

« En outre, pour le calcul de l'impôt, la fraction du revenu imposable comprise entre le minimum exonéré et la somme de 8,000 fr. est comptée seulement pour moitié.

« Le taux de l'impôt est fixé à 6 p. 100.

« Par dérogation aux dispositions qui précèdent, l'impôt est calculé, pour les charges et offices visés à l'article 30, dans les conditions et d'après les taux fixés par l'article 12 en ce qui concerne les professions commerciales. »

« Art. 47. — Le taux de la contribution foncière des propriétés bâties et des propriétés non bâties est fixé, en principal, à 10 p. 100. Toutefois le taux de 5 p. 100 est maintenu pendant cinq ans à partir du 1er janvier 1920 à l'égard des contribuables qui établiront que le revenu foncier annuel de leur propriété bâtie, du 31 juillet 1914 au 31 décembre 1919, a été inférieur de 50 p. 100 audit revenu pendant l'année 1913, à condition que ce dernier n'ait pas dépassé 10,000 fr.

« En aucun cas l'ensemble des contributions grevant la propriété foncière, y compris les centimes départementaux et communaux, assis tant sur l'impôt foncier que sur l'impôt des portes et fenêtres, ne pourra dépasser 30 p. 100 du revenu net servant de base à la contribution foncière.

« Si le dépassement est constaté, la réduction d'impôt sera imputée sur les centimes départementaux et communaux proportionnellement au nombre de ces centimes. En aucun cas la part de l'Etat ne pourra être diminuée. »

« Art 53. — Les bénéfices de l'exploitation minière et des opérations rattachées à cette exploitation pour l'assiette de la redevance proportionnelle des mines restent soumis à cette redevance, qui est portée de 12 à 20 p. 100, dont 15 p. 100 au profit de l'Etat, et 5 p. 100 au profit des communes, dans les conditions fixées par la loi du 8 avril 1910.

« Ils ne sont pas assujettis aux impôts institués par la présente loi. »

Art. 2. — A partir du 1er janvier 1921, l'article 17, § 1er de la loi du 31 juillet 1917 est modifié ainsi qu'il suit :

« Art. 17. — Le bénéfice provenant de l'exploitation agricole est considéré, pour l'assiette de l'impôt, comme égal à la valeur locative des terres exploitées, telle qu'elle résulte de l'évaluation cadastrale, multipliée par un coefficient approprié. Ce coefficient est fixé par région agricole et par nature de culture ; un coefficient moyen et unique par région pourra être établi pour les exploitations à cultures variées ne comprenant pas une culture principale.

« Les coefficients ci-dessus sont déterminés par une commission instituée par un décret rendu sur la proposition du ministre des finances et du ministre de l'agriculture et présidée par un conseiller d'Etat. Un quart des membres de cette commission est nommé par le ministre de l'agriculture entre les candidats portés sur une liste présentée par les présidents des chambres d'agriculture ou à défaut des offices départementaux ; un autre quart est nommé également par le ministre de l'agriculture entre les candidats portés sur une liste présentée par les présidents des associations, syndicats et coopératives de production agricole, ces candidats devant être pris parmi des contribuables payant l'impôt sur les bénéfices agricoles.

« La commission se prononcera après avis des directeurs des services agricoles et des chambres d'agriculture ou des offices départementaux des départements intéressés.

« Elle procédera tous les ans à la revision des coefficients.

« Les maxima et minima des coefficients arrêtés par la commission seront fixés, chaque année, pour l'établissement de l'impôt de l'année suivante, par une disposition de la loi de finances ou d'une loi spéciale.

« Pour l'année 1920, les coefficients applicables sont ainsi fixés, sans l'intervention de la commission :

« Terres labourables, bois industriels, aulnaies, saussaies, oseraies, etc., parcs, pâtis, 1 ;

« Prairies, jardins, vergers et cultures fruitières, pépinières, 2 ;

« Vignes, 3 ;

« Cultures maraîchères, 3 ;

« Pour les terrains de la zone dévastée, délimitée par l'arrêté du 12 août 1919, portant ou ayant porté des récoltes depuis leur remise en culture, les coefficients seront, pour l'année 1920, égaux aux quarts de ceux appliqués dans le reste de la France et, pour les années ultérieures, seront fixés par les lois de finances ou par des lois spéciales.

« Seront exemptés, dans la même zone, de l'impôt sur les bénéfices agricoles les terrains incultes du fait de la guerre ou ceux qui donnent une première récolte après un an au moins d'abandon du même fait. »

L'article 2 de la loi du 12 août 1919 est abrogé.

Art. 3. — L'article 9 de la loi du 31 juillet 1917 est modifié comme il suit :

« Les personnes et sociétés assujetties à l'impôt, qui ne rentrent pas dans la catégorie visée à l'article 4 sont tenues de faire parvenir au contrôleur des contributions directes, avant le 1er avril de chaque année, la déclaration écrite de leur chiffre d'affaires pendant l'année précédente, toutes les fois que ce chiffre dépasse la somme de 50,000 fr. A défaut de déclaration dans le délai imparti, l'impôt est majoré de 10 p. 100.

« Les contribuables qui n'ont pas satisfait à l'obligation ci-dessus édictée, ainsi que ceux dont le chiffre d'affaires ne dépasse pas la limite fixée au précédent alinéa, doivent, s'ils en sont requis par le contrôleur, produire la même déclaration dans un délai de vingt jours à compter de la réception de l'avis qui leur est adressé. Passé ce délai, le chiffre d'affaires est évalué d'office et l'impôt est majoré de moitié.

« A l'appui de la déclaration de leur chiffre d'affaires, les contribuables sont tenus de fournir, lorsqu'ils y sont invités, toutes les justifications nécessaires. »

Art. 4. — L'article 22 de la loi du 31 juillet 1917 est modifié ainsi qu'il suit :

« Les parcs, jardins, avenues, pièces d'eau et tous les terrains réservés au pur agrément ou spécialement aménagés en vue de la chasse, ainsi que les terrains non cultivés destinés à la construction, sont assujettis à l'impôt sur les bénéfices de l'exploitation agricole à raison d'un revenu déterminé suivant le mode indiqué au premier paragraphe de l'article 17.

« L'impôt est établi sur la totalité de ce revenu, sans déduction ni atténuation d'aucune sorte.

« Sont affranchies de l'impôt les personnes ayant la jouissance de terrains d'agrément dont la superficie n'excède par un hectare et dont le revenu imposable n'est pas supérieur à 100 fr. Sont en outre exonérés de l'impôt, quelles que soient leur contenance et leur valeur locative, les parcs et jardins situés dans la partie agglomérée des villes et les terrains appartenant aux offices publics d'habitation à bon marché et destinés aux buts déterminés par l'article 11 de la loi du 23 décembre 1912. »

Art. 5. — Le premier alinéa de l'article 52 de la loi du 31 juillet 1917 est remplacé par les dispositions ci-après :

« Sur les impôts institués par la présente loi et perçus par voie de rôles, ainsi que sur l'impôt foncier, chaque contribuable a droit, en ce qui concerne la part de l'Etat, à une réduction réglée comme il suit :

« 1° Pour tout contribuable dont le revenu net total, défalcation faite des déductions pour situations et charges de famille prévues par l'article 12 de la loi du 15 juillet 1914, n'est pas supérieur à 10,000 fr., 7,50 pour 100 pour chaque personne à sa charge jusqu'à la deuxième et 15 p. 100 pour chacune des autres personnes à partir de la troisième.

« 2° Pour tout contribuable dont le revenu net total, tel qu'il est défini ci-dessus, est supérieur à 10.000 fr., 5 p. 100 pour chacune des trois premières personnes à sa charge et 10 p. 100 pour chacune des autres personnes à partir de la quatrième, sans que, toutefois, le montant total de la réduction puisse dépasser 300 fr. par personne à la charge du contribuable. »

Art. 6. — Les dispositions de l'article 9 de la loi du 15 juillet 1914, modifié par l'article 5 de la loi du 30 décembre 1916, sont remplacées par les dispositions ci-après :

« Sont affranchis de l'impôt :

« 1° Les personnes dont le revenu imposable n'excède par la somme de 6,000 fr., majorée, s'il y a lieu, conformément à l'article 12 ci-après :

« 2° Les mutilés, veuves et ayants droit des morts de la grande guerre pour les pensions dont ils sont titulaires en vertu de la loi du 31 mars 1919 ;

« 3° Les ambassadeurs et autres agents diplomatiques, les consuls et agents consulaires de nationalité étrangère, mais seulement dans la mesure où les pays qu'ils représentent concèdent des avantages analogues aux agents diplomatiques et consulaires français. »

Art. 7. — L'article 12 de la loi du 15 juillet 1914, modifié par l'article 3 de la loi du 29 juin 1918, et le premier paragraphe de l'article 13 de la même loi sont remplacés par les dispositions ci-après :

« Art. 12. — Les contribuables mariés ont droit, sur leur revenu annuel, à une déduction de 3,000 fr.

« La même déduction est accordée, en cas de décès de l'un des époux, au conjoint survivant non remarié et ayant à sa charge un ou plusieurs enfants issus du mariage.

« En outre, tout contribuable a droit, sur son revenu annuel, à une déduction de 1.500 fr. par personne à sa charge si le nombre des personnes à sa charge ne dépasse cinq.

« Toutefois, pour chaque enfant au-dessous de vingt et un ans, resté à la charge de ses parents, et pour chaque personne au-delà de la cinquième, quel que soit son âge, la déduction sera portée à 2,000 fr. »

« Art. 13. — Sont considérés comme personnes à la charge du contribuable, à la condition de n'avoir pas de revenus distincts de ceux qui servent de base à l'imposition de ce dernier :

« 1° Les ascendants âgés de plus soixante-dix ans ou infirmes ; toutefois cet âge est abaissé à soixante ans à l'égard des femmes veuves vivant sous le même toit que leur fils ou leur fille et à leur charge exclusive. »

Art. 8. — Les articles 14 et 15 de la loi du 15 juillet 1914, modifiés par les lois du 30 décembre 1916 (art. 5) et du 29 juin 1918 (art. 2) sont remplacés par les dispositions suivantes :

« Pour le calcul de l'impôt, toute fraction du revenu inférieure à 100 fr. est négligée.

« L'impôt est calculé en tenant en outre pour nulle la fraction du revenu qui, défalcation faite des déductions prévues à l'article 12, n'excède pas 6,000 fr. et en comptant :

« Pour un vingt-cinquième, la fraction comprise entre 6,000 et 20,000 fr. ;

« Pour deux vingt-cinquièmes, la fraction comprise entre 20,000 et 30,000 fr. ;

« Et ainsi de suite, en augmentant d'un vingt-cinquième par tranche de 10,000 fr. jusqu'à 100,000 fr., par tranche de 25,000 fr. jusqu'à 400.000 fr., et par tranche de 50,000 fr. jusqu'à 550,000 fr. ; la fraction du revenu excédant 550,000 fr. est comptée pour l'intégralité

« Le taux à appliquer au revenu taxable ainsi obtenu est fixé à 50 p. 100.

« Sur l'impôt ainsi calculé, chaque contribuable a droit à des réductions pour charges de famille, selon les règles suivantes :

tions prévues à l'article 12, n'est pas supérieur à 10,000 fr. a droit à une réduction d'impôt de 7,50 p. 100 pour chaque personne à sa charge jusqu'à la

« Tout contribuable dont le revenu, défalcation faite des déductions deuxième, et de 15 p. 100 pour chacune des autres personnes à partir de la troisième.

« Tout contribuable dont le revenu net total, défalcation faite des déductions prévues à l'article 12, est supérieur à 10,000 fr. a droit à une réduction d'impôt de 5 p. 100 pour chacune des trois premières personnes à sa charge, et de 10 p. 100 pour chacune des autres personnes à partir de la quatrième, sans que, toutefois, le montant total de cette réduction puisse excéder 2,000 fr. par personne à la charge du contribuable. »

Art. 9. — Le montant de l'impôt général sur le revenu est majoré de 25 p. 100 pour les contribuables âgés de plus de 30 ans qui sont célibataires ou divorcés et qui n'ont aucune personne à leur charge.

Le même montant est majoré de 10 p. 100 pour les contribuables âgés de plus de trente ans, mariés depuis deux ans au 1er janvier de l'année de l'imposition, lorsque, à la même date, ces contribuables n'ont pas d'enfant et se trouvent n'avoir aucune personne à leur charge.

Les dispositions ci-dessus ne sont pas applicables aux contribuables des catégories visées, titulaires d'une pension prévue par la loi du 31 mars 1919 pour une invalidité de 40 p. 100 et au-dessus, ni aux contribuables dont tous les enfants sont morts à la guerre.

Art. 10. — Sont affranchis de l'impôt sur les traitements, salaires, pensions et rentes viagères, pour les années 1918 et 1919, les contribuables dont le revenu imposable n'excède pas, pour lesdites années, la limite d'exemption fixée par la présente loi.

Art. 11. — Les dispositions des articles premier, 4 et 9 de la présente loi sont applicables à partir du 1er janvier 1920.

Art. 12. — La contribution extraordinaire instituée par la loi du 1er juillet 1916 cessera d'être applicable aux bénéfices réalisés après le 30 juin 1920.

Art. 13. — Ne seront pas soumises à la contribution extraordinaire pour les bénéfices réalisés depuis le 11 novembre 1918, si elles n'ont pas antérieurement produit des bénéfices donnant lieu à l'application de cette contribution :

1° Les entreprises créées ou non avant le 1er août 1914, dont l'exploitant a été mobilisé depuis le 1er août 1914 pendant un an au moins ou a été réformé depuis cette date pour blessure reçue ou maladie contractée au service ; sont considérés comme exploitants, pour l'application de cette disposition, le ou les fils de veuve ayant dirigé effectivement avant leur mobilisation l'établissement dont la raison sociale porte le nom de leur mère ;

2° Les entreprises situées dans les régions qui ont été envahies ou qui, s'étant trouvées dans la zone des opérations militaires, ont été arrêtées pendant six mois consécutifs au moins du fait desdites opérations ;

3° Les sociétés constituées par des mutilés, réformés, veuves de guerre ou anciens combattants, à condition qu'aucun des associés n'ait antérieurement réalisé, à titre personnel, de bénéfices donnant lieu à l'application de la loi du 1er juillet 1916, que les associés aient fourni, en outre, les trois quarts au moins du capital social et que celui-ci n'excède pas 500,000 fr. ;

4° Les entreprises dont le déficit par rapport au bénéfice normal, pour la période du 1er août 1914 au 31 décembre 1918, est supérieur aux bénéfices exceptionnels ou supplémentaires réalisés en 1919 et jusqu'au 30 juin 1920 ;

5° Les sociétés en nom collectif dont tous les associés ont été mobilisés et les sociétés en commandite simple dont tous les gérants ont été mobilisés dans les conditions indiquées à l'alinéa 1°, et cela pour la part revenant à chacun d'eux dans les bénéfices visés par la présente loi.

Sont également exonérés de la contribution extraordinaire sur les bénéfices exceptionnels ou supplémentaires, à partir du 1er janvier 1919, les contribuables qui ont été mobilisés dans les conditions du 1° qui précède et dont le bénéfice total annuel, à dater du 1er janvier 1919, n'a pas été supérieur à 30,000 fr.

Les veuves et orphelins mineurs de guerre bénéficieront de l'exonération ci-dessus dans les mêmes conditions que celles prévues en faveur des mobilisés au 1° du présent article.

Art. 14. — En ce qui concerne les contribuables ayant souscrit leurs déclarations dans les délais impartis par les articles 4 et 5 de la loi du 1er juillet 1916, les bases de la contribution extraordinaire non encore arrêtées définitivement pour les périodes d'imposition écoulées pourront être valablement fixées par les commissions du premier degré jusqu'au 30 juin 1922 et les impositions correspondantes comprises dans les rôles jusqu'au 31 décembre de la même année.

Ces délais sont toutefois, à l'égard des mêmes contribuables, prolongés d'un an pour l'établissement de la contribution afférente aux bénéfices réalisés en 1920, ainsi que pour l'exécution des révisions visées au dernier alinéa du présent article.

En ce qui concerne les contribuables n'ayant pas fait leurs déclarations dans les délais susvisés, les droits et suppléments de droit pourront être fixés jusqu'au 30 juin 1925 et compris dans les rôles jusqu'au 31 décembre 1925.

Dans l'un et l'autre cas, des impositions ne pourront plus ensuite être établies et mises en recouvrement qu'en exécution de décisions de la commission supérieure.

Jusqu'à l'expiration du délai prévu pour l'établissement de l'impôt, il pourra être procédé, dans les conditions prévues par l'article 15 de la loi du 1er juillet 1916, à la revision des amortissements visés audit article, ainsi que de tous amortissements analogues, ou de toute réserve ou provision déduite du bénéfice imposable pour l'une quelconque des périodes d'imposition.

Art. 15. — L'article 14 de la loi du 1er juillet 1916 est ainsi complété :

« En outre de cette pénalité de 10 p. 100, les assujettis à la contribution extraordinaire sur les bénéfices de guerre qui, dans un nouveau délai de trois mois à dater de la promulgation de la présente loi, n'auront pas souscrit leur déclaration pour tous les exercices écoulés, seront frappés d'une surtaxe de 25 p. 100 sur la contribution afférente aux exercices antérieurs à 1918, de 20 p. 100 sur la contribution afférente à l'exercice 1918, de 10 p. 100 sur la contribution afférente à l'exercice 1919. »

Art. 16. — Ne peuvent se prévaloir des dispositions de l'article 15, paragraphe 1er, de la loi du 31 décembre 1918 et de l'article 19 de la présente loi les contribuables qui n'ont pas souscrit dans les délais légaux la déclaration prévue par les articles 4, 5 et 6 de la loi du 1er juillet 1916.

Les suspensions de payement accordées antérieurement à la promulgation de la présente loi aux contribuables de cette catégorie cesseront d'avoir effet trois mois après cette promulgation.

Art. 17. — Les deux dernières phrases du troisième alinéa de l'article 16 de la loi du 1er juillet 1916 et le dernier alinéa du même article sont modifiés ainsi qu'il suit :

« En cas de déficit par rapport au bénéfice normal, révélé par un des bilans de la période de guerre, le contribuable aura droit, sur sa demande, à une détaxe correspondant à l'importance de ce déficit. La détaxe sera calculée en appliquant au montant du déficit le taux moyen effectif des contributions des différentes périodes.

« Le montant de la détaxe sera déduit du total des impositions sans que la déduction puisse excéder la moitié de ce total.

« La détaxe susvisée devra être demandée dans le délai imparti pour produire la déclaration relative à la dernière période d'imposition. »

Art. 18. — Les deux derniers quarts de la contribution afférente à chaque période d'imposition, dont le payement a été différé par application de l'article 16, 3e alinéa, de la loi du 1er juillet 1916, seront exigibles, le troisième, trois mois après la promulgation de la présente loi, le quatrième, six mois après le troisième.

Art. 19. — Les assujettis à la contribution extraordinaire sur les bénéfices supplémentaires de guerre visés aux paragraphes 4 et 5 de l'article 1er de la loi du 1er juillet 1916, qui justifient de l'impossibilité de s'acquitter dans les délais fixés par ladite loi, soit parce qu'ils ont investi, antérieurement au 1er janvier 1919, leurs bénéfices de guerre dans des immobilisations ayant eu pour but l'amélioration ou l'extension de leur entreprise, soit parce qu'ils sont dans l'obligation de constituer ou de conserver des stocks ou d'acquérir du matériel destiné à la continuation ou à la transformation de leurs fabrications, peuvent obtenir un sursis de payement, dont la durée n'excédera pas dix ans pour tout ou partie des troisième et quatrième quarts des sommes dont ils sont redevables.

La demande de délai est remise au trésorier-payeur général du lieu de l'imposition. Elle doit être motivée et contenir la constitution de garanties suffisantes pour le payement de l'impôt différé.

Ces garanties peuvent consister notamment soit en valeur mobilières, soit en créances sur le Trésor, soit en obligations dûment cautionnées, soit en nantissement du fonds de commerce, soit en affectation hypothécaire.

La demande est soumise à une ou plusieurs commissions spéciales dont la composition et les conditions de fonctionnement sont réglées par décret rendu sur la proposition du ministre des finances. La commission apprécie le bien-fondé de la demande et la valeur des garanties offertes ; elle formule toutes propositions utiles quant à l'importance des sommes dont le payement peut être différé et aux délais de payements à accorder. Le ministre statue comme en matière gracieuse.

Les sommes dont le payement aura été différé porteront, au profit du Trésor, un intérêt dont le taux sera supérieur de 2 p. 100 au taux moyen d'intérêt des avances de la Banque de France pendant l'année considérée. Ces intérêts seront calculés à compter de l'exigibilité de l'impôt et jusqu'au jour des payements, mais par mois, chaque fraction comptant pour le mois entier.

En cas de non-payement d'un des termes fixés, de même qu'en cas de dissolution de société, de décès, de cession ou de cessation de l'entreprise, de faillite ou de liquidation judiciaire, le bénéfice du sursis est retiré de plein droit, sauf décision contraire du ministre prise sur la demande de l'intéressé ou de ses ayants droit, après avis de la commission spéciale.

Les sommes pour lesquelles des sursis de payement auront été accordés conformément aux dispositions du présent article seront déduites du montant des rôles ; elles seront admises en surséance et recouvrées dans des conditions qui seront déterminées par un décret rendu sur la proposition du ministre des finances.

Tous les mois, le montant total des sommes pour lesquelles des sursis auront été accordés sera publié au *Journal officiel*.

La demande de sursis ne sera pas suspensive.

Les sursis ne pourront être accordés qu'aux assujettis qui ont spontanément souscrit leur déclaration dans les délais légaux.

Art. 20. — Par dérogation aux dispositions du premier alinéa de l'article 16 de la loi du 1er juillet 1916, instituant une contribution extraordinaire sur les bénéfices exceptionnels ou supplémentaires réalisés pendant la guerre, et de l'article 149 de la loi du 3 frimaire an VII, le délai à l'expiration duquel les percepteurs seront déchus de tous droits et de toute action envers les redevables de ladite contribution est porté à quinze ans à dater du jour de l'établissement du rôle.

Pour ladite contribution, le privilège du Trésor s'exerce pendant la même période sur tous les biens des contribuables.

Les cotes non recouvrées dans un délai d'un an à partir de l'échéance de la dernière portion exigible pourront être admises en surséance dans des conditions qui seront déterminées par un décret rendu sur la proposition du ministre des finances.

Le montant des cotes admises en surséance sera déduit de celui des rôles. Les modalités suivant lesquelles aura lieu le recouvrement desdites cotes seront fixées par le même décret.

Art. 21. — La taxe instituée par l'article 33 de la loi du 8 août 1890 est, à partir du 1er janvier 1920, calculée de la manière suivante :

1° Sur la portion des cotisations n'excédant pas 8,000 fr., 12,50 p. 100 ; comprise entre 8,000 et 20,000 fr., 25 p. 100 ; supérieure à 20,000 fr., 50 p. 100 ;

2° Sur la portion de la valeur locative n'excédant pas 4,000 fr., 5 p. 100 ; comprise entre 4,000 et 8,000 fr., 10 p. 100 ; supérieure à 8,000 fr., 20 p. 100.

La taxe que les communes sont autorisées à percevoir par la loi du 29 décembre 1897 sur les cercles, sociétés et lieux de réunion ne pourra, à l'avenir, dépasser 40 p. 100 du principal de la taxe établie pour le compte de l'Etat.

Toutefois, dans les communes où cette taxe est aujourd'hui perçue, la proportion indiquée ci-dessus pourra être élevée jusqu'à la limite nécessaire pour maintenir le produit obtenu en 1919.

Art. 22. — La taxe prévue par l'article 7 de la loi de finances du 30 juillet 1913 pour subvenir aux frais de surveillance en vue de la répression des fraudes est portée de 1 fr. à 3 fr. à dater du 1er janvier 1920.

Art. 23. — Le droit de visite des pharmacies établi par l'article 16 des lettres patentes du 10 février 1780 et par l'article 42 de l'arrêté du Gouvernement du 25 thermidor an XI est porté, à dater du 1er janvier 1920, de :

6 fr. à 25 fr. pour les pharmacies de Paris ;

6 fr. à 15 fr. pour les pharmacies des villes possédant plus de 100,000 habitants ;

6 fr. à 10 fr. pour les pharmacies des autres villes.

TITRE II

ENREGISTREMENT, DOMAINE ET TIMBRE

Art. 24. — Le droit d'enregistrement, fixé à 2 %, en principal par l'article 69, paragraphe 5, n°s 1, 2, 4, 6 et 7 de la loi du 22 frimaire an VII pour les mutations à titre onéreux de biens meubles, les baux de biens meubles faits pour un temps illimité, les élections ou déclarations de command ou d'ami, les licitations et soultes de partages de biens meubles, et par l'article 7 de la loi du 23 février 1872, pour les cessions de fonds de commerce, est porté à 5 p. 100 sans décimes.

Ce tarif de 5 p. 100 est réduit de moitié pour les ventes d'animaux, récoltes, engrais, instruments et autres objets mobiliers dépendant d'une exploitation agricole.

Le droit d'enregistrement, fixé à 50 centimes p. 100 en principal par l'article 7 de la loi du 28 février 1872 pour les marchandises neuves dépendant d'un fonds de commerce, est porté à 1,25 p. 100 sans décimes.

Sont soumises au droit proportionnel établi par l'alinéa premier du présent article les mutations à titre onéreux de propriété ou d'usufruitier, soit totales, soit partielles, de navires et bateaux de toute nature servant à la navigation maritime ou à la navigation intérieure, dont la jauge nette est supérieure à 100 tonnes. Le droit est perçu soit sur l'acte ou le procès-verbal de vente, soit sur la déclaration faite pour obtenir la francisation ou l'immatricule au nom du nouveau possesseur.

Les articles 5, n° 2, de la loi du 28 février 1872, 10 de la loi du 30 janvier 1893, 22 de la loi du 7 avril 1902 et 10 de la loi du 30 décembre 1916 sont abrogés, à l'exception de la disposition de l'article 22 de la loi du 7 avril 1902 relative aux marchés de construction.

Art. 25. — Le droit d'enregistrement des ventes et autres mutations à titre onéreux de biens immeubles, ainsi que des retours d'échange et adjudications de domaines nationaux, fixé à 7 p. 100 sans décimes, par l'article 2 de la loi du 22 avril 1905, est élevé à 10 p. 100, sans décimes, et la formalité de la transcription au bureau des hypothèques ne donnera lieu à aucun droit proportionnel autre que la taxe établie par la loi du 27 juillet 1900.

Toutefois, lorsque l'acheteur déclarera dans l'acte de vente qu'il achète l'immeuble en vue de le revendre, le droit sera porté à 12 p. 100. Mais, dans ce cas, il sera restitué à l'acheteur : 10 p. 100 si l'immeuble est revendu dans le délai d'un an ; 8 p. 100 s'il est revendu dans le délai de trois ans ; 4 p. 100 s'il est revendu dans le délai de quatre ans et 2 p. 100 s'il est revendu dans le délai de cinq ans.

Est porté à 8 p. 100, sans décimes, le droit de 4 p. 100, en principal, établi par l'article 69, paragraphe 7, 3°, 4° et 5° de la loi du 22 frimaire an VII, sur les baux à rentes perpétuelles de biens immeubles, ceux à vie et ceux dont la durée est illimitée, sur les parts et portions indivises de biens immeubles acquises par licitation et sur les retours de partage de biens immeubles.

Le droit de transcription, fixé à 1 fr. 50 p. 100, en principal, par les articles 25 de la loi du 21 ventôse an VII, 54 de la loi du 28 avril 1816 et 8 de la loi du 13 juillet 1911, est porté à 2 p. 100, sans décimes.

Art. 26. — Le droit d'enregistrement des baux de meubles et d'immeubles à durée limitée de toute nature, fixé à 0 fr. 20 p. 100, en principal, par l'article 1er de la loi du 16 juin 1824, est porté à 0 fr. 60 p. 100, sans addition de décimes.

Le droit de cautionnement de ces baux sera de moitié de celui fixé par le présent article.

Art. 27. — Les prescriptions de l'article 11 de la loi du 23 août 1871 ne sont pas applicables aux locations verbales consenties suivant l'usage des lieux ou pour une durée ne dépassant pas trois ans et dont le prix n'excède pas 2.000 fr. à Paris et 1.000 fr. dans toutes les autres localités.

Art. 28. — Le principal des divers droits fixes d'enregistrement et des droits minima auxquels sont assujettis par les lois en vigueur les actes civils, administratifs, judiciaires ou extra-judiciares, quels qu'ils soient, est porté au double, mais n'est plus soumis aux décimes.

Toutefois, le droit fixe de 150 fr. en principal édicté par l'article 17, n° 12, de la loi du 26 janvier 1892 pour les arrêts des cours d'appel confirmant une adoption ou prononçant un divorce n'est porté qu'à 200 fr., décimes compris.

Art. 29. — L'article 10 de la loi du 31 décembre 1917 est modifié ainsi qu'il suit :

« Dans toute succession où le défunt ne laisse pas au moins quatre enfants vivants ou représentés, il est perçu, indépendamment des droits auxquels les mutations par décès de biens, meubles ou immeubles, sont assujetties, une taxe progressive et par tranches sur le capital net global de la succession.

« Cette taxe est fixée ainsi qu'il suit, sans addition d'aucun décime :

TARIF APPLICABLE A LA FRACTION comprise entre	NOMBRE D'ENFANTS LAISSÉS PAR LE DÉFUNT			
	Trois enfants vivants ou représentés.	Deux enfants vivants ou représentés.	Un enfant vivant, ou representé.	Point d'enfant vivant ni représenté.
	p. 100.	p. 100.	p. 100.	p. 100.
1 et 2.000 francs	0 25	0 50	4 »	3 »
2.001 et 10.000 —	0 50	1 »	2 »	6 »
10.001 et 50.000 —	0 75	1 50	3 »	9 »
50.001 et 100.000 —	1 »	2 »	4 »	12 »
100.001 et 250.000 —	1 25	2 50	5 »	15 »
250.001 et 500.000 —	1 50	3 50	6 50	18 »
500.001 et 1.000.000 —	2 25	4 25	8 »	21 »
1.000.001 et 2.000.000 —	3 20	6 »	12 »	24 »
2.000.001 et 5.000.000 —	3 60	6 75	13 50	27 »
5.000.001 et 10.000.000 —	4 »	7 50	15 »	30 »
10.000.001 et 50.000.000 —	4 40	8 25	16 50	33 »
50.000.001 et 100.000.000 —	4 80	9 »	18 »	36 »
100.000.001 et 500.000.000 —	5 50	10 »	20 »	37 »
Au dessus de 500.000.000 —	7 50	12 »	21 »	39 »

« Sont applicables à la taxe établie par le présent article les dispositions qui régissent la liquidation, le payement et le recouvrement des droits de mutation par décès ainsi que les pénalités pour défaut de déclaration dans le délai, omission ou fausse évaluation. Le payement de la totalité de la taxe est à la charge des héritiers, donataires ou légataires universels ou à titre universel qui doivent l'effectuer dans les mêmes délais que les droits de mutation par décès. »

Art. 30. —Les droits de mutation par décès établis par les articles 2 de la loi du 25 février 1901, 10 de la loi du 30 mars 1902, 10 de la loi du 8 avril 1910 et 11 de la loi du 31 décembre 1917 sont fixés aux taux ci-après, sans addition d'aucun décime, pour la part nette recueillie par chaque ayant droit :

Dans toute succession où le défunt laisse plus de quatre enfants vivants ou représentés, il est déduit de l'actif global net, pour la liquidation des droits de mutation par décès, 10 p. 100 par enfant en sus du quatrième, sans que cette déduction puisse excéder 15.000 fr. par enfant.

Toutes les fois qu'une succession passera des grands-parents aux petits-enfants, par suite du prédécès du père ou de la mère tué à l'ennemi ou mort victimes de la guerre, dans les conditions fixées sous les nos 1 et 2 du second paragraphe de l'article 34 de la présente loi, le tarif applicable sera le tarif de la ligne directe descendante au premier degré, sauf aux héritiers à produire les justifications prévues au dernier alinéa de l'article 34.

Le total de la fraction de la taxe successorale édictée par l'article 29 incombant à un héritier, donataire ou légataire et des droits de mutation par décès à la charge de cet héritier, donataire ou légataire en vertu du présent article, ne pourra excéder 80 p. 100 de la part nette qui lui est dévolue calculée sur l'actif héréditaire net, sans déduction de la taxe successorale. La réduction portera sur les droits de mutation par décès.

Art. 31. — Lorsqu'un héritier, donataire ou légataire aura quatre enfants ou plus vivants au moment de l'ouverture de ses droits à la succession, les droits à percevoir en vertu de l'article ci-dessus seront diminués de 10 p. 100 pour chaque enfant en sus du troisième, et sans que la réduction puisse dépasser 2,000 fr. par enfant et que la réduction totale puisse excéder 50 p. 100.

Art. 32. — Les droits d'enregistrement des donations entre vifs de biens meubles ou immeubles, tels qu'ils sont établis dans l'article 18 de la loi du 25 février 1901, l'article 11 de la loi du 8 avril 1910 et l'article 14 de la loi du 31 décembre 1917, seront perçus d'après les quotités ci-après sans addition d'aucun décime :

Art. 33. — Les parts nettes ne dépassant pas 10.000 francs, recueillies dans les successions dont le montant total n'excède pas 25,000 fr., ainsi que les dons et legs faits aux départements, communes et établissements publics ou d'utilité publique, continueront, conformément à l'article 12 et à l'article 16, second alinéa, de la loi du 31 décembre 1917 à être soumis, en ce qui concerne les droits de mutation par décès et les droits de donation, aux tarifs édictés par les lois antérieures à ladite loi, sauf application aux mutations entre époux du tarif fixé par ces lois pour les mutations en ligne directe au second degré.

Les dons et legs, à titre particulier, faits aux mutilés de guerre frappés d'une invalidité de 50 p. 100 au minimum bénéficieront à concurrence des premiers 100,000 fr., du tarif réduit de 9 p. 100 édicté par l'article 19 de la loi du 25 février 1901 et maintenu par le présent article.

Art. 34. — L'article 15 de la loi du 31 décembre 1917 est abrogé et remplacé par les dispositions suivantes :

Pour l'application des tarifs édictés par les articles 29 et 32 qui précèdent et des dispositions du deuxième alinéa de l'article 30, doit être ajouté au nombre des enfants vivants ou représentés du défunt ou du donateur l'enfant qui :

1° Est décédé après avoir atteint l'âge de seize ans révolus ;

2° Etant âgé de moins de seize ans, a été tué par l'ennemi au cours des hostilités ou est décédé des suites de faits de guerre soit durant les hostilités, soit dans l'année à compter de leur cessation.

Le bénéfice de cette disposition est subordonné à la production, dans le premier cas, d'une expédition de l'acte de décès de l'enfant, et dans le second cas, d'un acte de notoriété délivré sans frais par le juge de paix du domicile du défunt et établissant les circonstances de la blessure ou de la mort.

Pour l'application de l'article 31 qui précède, sera assimilé aux enfants vivants de l'héritier, donataire ou légataire, tout enfant, quelque soit son âge, de l'héritier donataire ou légataire qui :

1° Etant militaire, est mort sous les drapeaux pendant la durée de la guerre, ou, soit sous les drapeaux, soit après son renvoi dans ses foyers, est mort dans l'année à compter de la cessation des hostilités, de blessure reçue ou de maladie contractée durant la guerre ;

2° N'étant pas militaire, a été tué par l'ennemi au cours des hostilités ou est décédé des suites de faits de guerre, soit durant les hostilités, soit dans l'année à compter de la cessation des hostilités.

TARIF APPLICABLE A LA FRACTION DE PART NETTE COMPRISE ENTRE

INDICATION DES DEGRÉS DE PARENTÉ	2 fr. et 2.000 fr.	2.001 et 10.000 fr.	10.001 et 50.000 fr	50.001 et 100.000 fr	100.001 et 250.000 fr.	250.001 et 500.000 fr.	500.001 et 1.000.000 de francs.	1.000.001 et 2.000.000 de francs.	2.000.001 et 5.000.000 de francs.	5.000.001 et 10.000.000 de francs.	10.000.001 et 50.000.000 de francs.	Au delà de 50.000.000 de francs.
	p. 100	p. 100	p. 100	p. 100	p. 100	p. 100	p. 100	p. 100	p. 100	p. 100	p. 100	p. 100
	fr. c.	fr. c.	fr. c.	fr. c.	fr. c.	fr. c.	fr. c.	fr. c.	fr. c.	fr. c.	fr. c.	fr. c.
Ligne directe descendante au 1er degré..	1 »	2 »	3 »	4 »	5 »	6 »	7 »	9 »	11 »	13 »	15 »	17 »
Ligne directe descendante au 2e degré et entre époux	1 50	2 50	3 50	4 50	5 50	6 50	7 50	9 50	11 50	13 50	15 50	17 50
Ligne directe descendante au delà du 2e degré	2 »	3 »	4 »	5 »	6 »	7 »	8 »	10 »	12 »	14 »	16 »	18 »
Ligne directe ascendante au 1er degré	2 50	3 50	4 50	5 50	6 50	7 50	8 50	10 50	12 50	14 50	16 50	18 50
Ligne directe ascendante au 2e degré..	3 »	4 »	5 »	6 »	7 »	8 »	9 »	11 »	13 »	15 »	17 »	19 »
Ligne directe ascendante au delà du 2e degré	3 50	4 50	5 50	6 50	7 50	8 50	9 50	11 50	13 50	15 50	17 50	19 50
Entre frères et sœurs	10 »	12 »	14 »	16 »	19 »	22 »	25 »	28 »	32 »	36 »	40 »	44 »
Entre oncles ou tantes et neveux ou nièces	15 »	17 »	19 »	21 »	24 »	27 »	30 »	33 »	37 »	41 »	45 »	49 »
Entre grands-oncles ou grand'tantes et petits-neveux ou petites-nièces et entre cousins germains	20 »	22 »	24 »	26 »	29 »	32 »	35 »	38 »	42 »	46 »	50 »	54 »
Entre parents au delà du 4e degré et entre personnes non parentes	25 »	27 »	29 »	31 »	34 »	37 »	40 »	43 »	47 »	51 »	55 »	59 »

INDICATION DES DEGRÉS DE PARENTÉ			TARIF
			p. 1/0.
En ligne directe descendante...	donations-partages faites conformément aux articles 1075 et 1076 du code civil par les père et mère et autres ascendants	entre plus de deux enfants vivants ou représentés....	2 50
		entre deux enfants vivants ou représentés...........	4 50
		entre les descendants d'un enfant unique.......	6 50
	donations par contrat de mariage à des descendants.............	plus de deux enfants vivants ou représentés.......	3 50
		deux enfants vivants ou représentés................	4 50
		un enfant vivant ou représente..	5 50
	autres donations...............	plus de deux enfants vivants ou représentés.........	5 50
		deux enfants vivants ou représentes............	7 50
		un enfant vivant ou représenté...............	9 50
En ligne directe ascendante........			9 50
Entre époux.	par contrat de mariage.............		4 50
	hors contrat de mariage..........	plus de deux enfants vivants ou représentés issus du mariage.............	5 50
		deux enfants vivants ou représentés issus du mariage.	7 50
		un enfant vivant ou représente issu du mariage......	9 50
		sans enfant vivant ou représenté issu du mariage....	11 50
Entre frères et sœurs............	par contrat de mariage aux futurs...............		15 »
	hors contrat de mariage................		25 »
Entre oncles ou tantes et neveux ou nièces. . . .	par contrat de mariage aux futurs............		20 »
	hors contrat de mariage.. .		30 »
Entre grands oncles ou grand-tantes et petits-neveux ou petites-nièces et entre cousins germains........	par contrat de mariage aux futurs.		25 »
	hors contrat de mariage............		35 »
Entre parents au delà du 4e degré et entre personnes non parentes.	par contrat de mariage aux futurs............		30 »
	hors contrat de mariage....		40 »

Le bénéfice de cette disposition est subordonné à la production :

1° Lorsqu'il s'agit d'un militaire, d'un certificat de l'autorité militaire constatant que la mort a été causée par une blessure reçue ou une maladie contractée pendant la durée de la guerre ;

2° S'il s'agit d'un non-militaire, d'un acte de notoriété délivré sans frais par le juge de paix du domicile du défunt et établissant les circonstances de la blessure ou de la mort.

Art. 35. — Les versements semestriels prévus par l'article 7 de la loi du 13 juillet 1911 sont fixés au nombre de deux, lorsque les droits de mutation par décès exigibles n'excèdent pas 5 p. 100 des parts nettes recueillies, soit par tous les cohéritiers solidaires, soit par chacun des légataires ou donataires ; de quatre, lorsque ces droits n'excèdent pas 10 p. 100 des mêmes parts, et ainsi de suite, en augmentant de deux le nombre des versements au fur et à mesure que les droits dépassent un nouveau multiple de 5 p. 100, mais sans que le nombre des versements puisse être supérieur à dix.

Le nombre des versements successifs peut être réduit de moitié, sans pouvoir être inférieur à deux, lorsque les deniers comptants, les créances échues et les valeurs pratiquement négociables compris dans la succession, le legs ou la donation représentent une somme au moins égale au montant des droits exigibles.

Les droits dont le payement a été différé deviennent exigibles immédiatement, lorsqu'il est établi que les héritiers, donataires ou légataires qui en sont débiteurs ont réalisé des biens dépendant de la succession, de la donation ou du legs pour une valeur nette au moins égale au montant des droits restant dus.

Art. 36. — L'article 8, paragraphe premier, de la loi du 13 brumaire an VII est modifié comme suit :

« Droit de timbre en raison de la dimension du papier :

« La feuille de grand registre : 12 fr. ;

« La feuille de grand papier : 8 fr. ;

« La feuille de moyen papier : 6 fr. ;

« La feuille de petit papier : 4 fr. ;

« La demi-feuille de petit papier : 2 fr. »

Ces droits ne sont pas sujets aux décimes.

Toutefois, les droits de timbre établis en raison de la dimension auxquels sont assujettis les registres de l'état civil restent fixés aux tarifs édictés par l'article 19 de la loi du 29 juin 1918.

Le prix des feuilles de moyen papier est réduit à 3 fr. pour les feuilles employées à la rédaction des expéditions des actes civils, administratifs, judiciaires et extra-judiciaires.

Art. 37. — Le taux de la taxe annuelle et obligatoire d'abonnement au timbre, à laquelle les contrats d'assurances contre l'incendie sont soumis par les articles 8 de la loi du 29 décembre 1884 et 20 de la loi du 29 juin 1918, est élevé à 14 centimes par 1,000 fr. du total des sommes assurées pour les assurances à primes et à 10 centimes par 1,000 fr. pour les assurances mutuelles, sans addition de décimes.

Le taux de la taxe annuelle et obligatoire d'abonnement au timbre, à laquelle les caisses départementales administrées gratuitement, ayant pour but d'indemniser ou de secourir les incendiés au moyen de collectes, sont soumises par les articles 37 de la loi du 5 juin 1850, 8 de la loi du 29 décembre 1884 et 20 de la loi du 29 juin 1918, est élevé à 4 p. 100 du total des collectes de l'année, sans addition de décimes.

Le taux de la taxe annuelle et obligatoire d'abonnement au timbre, établi pour les sociétés, compagnies d'assurances et tous autres assureurs contre la mortalité des bestiaux, contre la gelée, les inondations et autres risques agricoles par la loi du 9 mai 1860 et par les articles 18 de la loi du 2 juillet 1862 et 2 de la loi du 14 juin 1919, est élevé à 12 centimes par 1,000 fr. du total des sommes assurées, sans addition de décimes.

Le taux de la taxe annuelle et obligatoire d'abonnement au timbre, à laquelle les contrats d'assurances et les contrats de rente viagère passés par les sociétés, compagnies d'assurances et tous autres assureurs sur la vie sont soumis par les articles 37 de la loi du 5 juin 1850, 8 de la loi du 29 décembre 1884, 16 de la loi du 18 avril 1898 et 20 de la loi du 29 juin 1918, est élevé à 8 fr. par 1,000 fr. du total des versements faits chaque année aux sociétés, compagnies et assureurs ou des capitaux encaissés comme prix de la constitution de rentes viagères, sans addition de décimes.

Le taux de la taxe annuelle et obligatoire d'abonnement au timbre, à laquelle les contrats d'assurance contre les accidents corporels et les accidents ou risques matériels sont soumis par l'article 21 de la loi du 29 juin 1918, est élevé à 8 fr. par 1,000 fr. du total des versements faits chaque année aux sociétés, compagnies et autres assureurs, sans addition de décimes.

Art. 38. — Le droit de timbre auquel sont soumis les polices et contrats souscrits par les entreprises françaises ou étrangères de capitalisation assujetties à la loi du 19 décembre 1907 est fixé à 2 fr. par 1,000 fr. du capital promis par la police, sans addition de décimes.

Art. 39. — La taxe ou le droit d'enregistrement applicable aux contrats d'assurances de toute nature autres que les assurances sur la vie, mais y compris les contrats de rente viagère, en vertu des article 6 de la loi du 23 août 1871, 16, 17 et 18 de la loi du 29 juin 1918 et 1er de la loi du 14 juin 1919, est augmenté de 1 p. 100 sans addition de décimes.

Art. 40. — Les dispositions de l'article 36 ci-dessus relatives au droit de timbre de dimension entreront en vigueur le premier jour du deuxième mois qui suivra celui de la promulgation de la présente loi et celles des articles 37, 38 et 39, le 1er juillet 1920.

Art. 41. — Sont portés au double, à partir de la promulgation de la présente loi, les tarifs des divers droits ou taxes auxquels sont assujetties par les lois en vigueur les affiches de toute nature, à l'exception des affiches dites panneaux-réclames, régies par la loi du 12 juillet 1912, et parmi les affiches lumineuses, de celles qui sont soumises aux dispositions de l'article 42 ci-après.

Art. 42. — A dater de la promulgation de la présente loi, les affiches lumineuses obtenues, soit au moyen de projections intermittentes ou successives sur un transparent ou sur un écran, soit au moyen de combinaisons de points lumineux susceptibles de former successivement les différentes lettres de l'alphabet dans le même espace, soit au moyen de tout procédé analogue, sont soumises à un droit mensuel de 10 francs par mètre carré ou fraction de mètre carré, sans addition de décimes, et ce quel que soit le nombre des annonces.

Ce droit est dû par mois sans fraction, et payable d'avance.

La déclaration au bureau d'enregistrement prévue par l'article 1er du décret du 18 février 1891 et par l'article 1er du décret du 8 février 1911 devra, pour les affiches de cette catégorie, faire connaître si les parties entendent acquitter la taxe pour plusieurs mois, ou si, au contraire, elles entendent effectuer ce payement chaque mois tant que l'affiche subsistera.

Le mois court, pour chaque affiche, du jour de la première déclaration.

Si la déclaration ne fixe aucune durée, la taxe afférente à chaque mois est exigible dans les dix jours qui suivent l'expiration du mois précédent et la perception est continuée de mois en mois dans les mêmes conditions, jusqu'à ce qu'il ait été déclaré au bureau de l'enregistrement que l'affiche a été supprimée.

Lorsque les parties ont souscrit leur déclaration pour un nombre de mois déterminé et que le terme qu'elles ont fixé est arrivé, elles payent la taxe dans les conditions prévues au paragraphe précédent, à moins qu'elles ne fassent au bureau de l'enregistrement une déclaration indiquant ou la suppression de l'affichage, ou la période nouvelle pour laquelle elles veulent acquitter la taxe.

Toute infraction aux dispositions qui précèdent sera punie d'une amende de 5 francs en principal par annonce, sans préjudice des droits dont le Trésor aura été frustré.

Sont abrogées toutes les dispositions antérieures contraires à la présente loi.

Art. 43. — L'article 86 du livre Ier du code du travail est modifié comme suit :

« Sont seules exemptées du droit de timbre les affiches imprimées ou non, concernant exclusivement les offres et demandes de travail et d'emploi apposée par les offices publics départementaux ou locaux et par les bureaux municipaux de placement gratuit.

Art. 44. — La délivrance des permis de chasse donnera lieu, à partir du 1er juillet 1920, au payement d'un droit de timbre de 80 francs, sans décimes, au profit de l'Etat et d'une somme de 20 francs au profit de la commune dont le maire aura donné l'avis énoncé par la loi du 3 mai 1844 s'il s'agit d'un permis général valable pour tout le territoire français.

Pour les permis départementaux utilisables seulement dans le département où le permis aura été délivré et dans les arrondissements limitrophes, le droit de timbre sera réduit à 20 francs, la perception communale restera fixée à 20 francs.

Art. 45. — Les permis de chasse, à quelque époque qu'ils soient délivrés, sont valables pour une année à dater du 1er juillet. Toutefois, les permis qui ont été délivrés à une date comprise entre le 1er juillet 1919 et le 13 janvier 1920 conserveront la durée de validité qu'ils avaient originairement.

Les permis délivrés postérieurement au 13 janvier 1920 ne seront utilisables comme permis général à partir du 1er juillet prochain, qu'autant que leurs titulaires auront acquitté, pour la période restant à courir, le complément des droits prévus à l'article précédent.

Un décret déterminera le mode de payement de ce complément de droit.

Art. 46. — Le droit de timbre auquel l'article 28 de la loi du 28 avril 1893 soumet toute opération de bourse ayant pour objet l'achat et la vente de valeurs de toute nature au comptant ou à terme, est porté à trente centimes (0 fr. 30) par 1.000 francs ou fraction de 1.000 francs du montant de la négociation.

Sur les opérations de report, le droit est élevé à dix centimes (0 fr. 10) par 1.000 francs.

Il n'est pas innové en ce qui concerne les opérations relatives aux rentes sur l'Etat français. Le droit reste fixé à 0 fr. 0125 par 1.000 francs pour les opérations au comptant ou à terme et à 0 fr. 00625 pour les opérations de report.

Art. 47. — Les bordereaux rédigés conformément à l'article 28 de la loi du 28 avril 1893, pour constater les opérations de bourse, devront, à l'avenir faire ressortir distinctement le montant de l'impôt payé au Trésor et le montant des courtages ou commissions revenant au rédacteur du bordereau.

Art. 48. — Le droit de timbre proportionnel, établi par l'article 14 de la loi du 5 juin 1850 sur les titres ou certificats d'actions, est porté à 1 franc par 100 francs et à 2 francs par 100 francs, décimes compris, suivant les distinctions mentionnées audit article.

Le droit de timbre proportionnel, établi par l'article 27 de la loi du 5 juin 1850 sur les titres d'obligations, est porté à 2 francs par 100 francs, décimes compris.

Le droit annuel d'abonnement, établi par les articles 22 et 31 de la loi du 5 juin 1850, est porté à 10 centimes par 100 francs, décimes compris, quelle que soit l'époque à laquelle l'abonnement a été contracté.

Art. 49. — Le taux du droit annuel de transmission auquel sont assujettis les titres au porteur d'actions ou d'obligations françaises et les titres nominatifs ou au porteur étrangers visés au § 2 de l'article 31 de la loi du 29 mars 1914, est élevé à 50 centimes par 100 francs, sans addition de décimes.

Le droit applicable à la conversion au porteur des titres nominatifs d'actions ou obligations françaises est porté à 2 francs par 100 francs, sans addition de décimes.

Un règlement d'administration publique modifiant l'article 47 du décret du 7 octobre 1890 déterminera les conditions de la négociation et du transfert, sous la forme nominative, des titres ci-dessus visés.

Les titulaires de ces titres auront la faculté de recourir, le cas échéant, à l'emploi d'un certificat de propriété dans des conditions à déterminer par le règlement d'administration publique susvisé.

Art. 50. — La taxe de 5 % établie sur le revenu des valeurs mobilières par les lois des 29 juin 1872, 21 juin 1875, 28 décembre 1880, 29 décembre 1884, 26 décembre 1890, 13 juillet 1911, 29 mars 1914, article 33, 30 décembre 1916, articles 11 et 12, 31 juillet 1917, article 38, est porté à 10 francs par 100 francs.

La taxe de 10 p. 100 établie par les articles 5 de la loi du 21 juin 1875, 20 de la loi du 25 février 1901 et 11 de la loi du 30 décembre 1916, sur les lots payés aux créanciers et aux porteurs d'obligations, effets public et tous autres titres d'emprunts, est fixée à 20 francs par 100 francs.

La taxe de 6 p. 100 établie par les articles 31, 34 et 42 de la loi du 29 mars 1914 et l'article 11 de la loi du 30 décembre 1916, sur le revenu des valeurs mobilières étrangères qui ne sont pas soumises au régime de l'abonnement, ainsi que sur les titres de rentes, emprunts et autres effets publics des gouvernements étrangers, est fixée à 12 francs par 100 francs.

Art. 51. — Les titulaires de titres nominatifs d'obligations émis par les villes ou départements français, le Crédit foncier de France et les sociétés ou compagnies concessionnaires de chemins de fer français ou coloniaux ont droit au remboursement de la moitié de l'impôt sur le revenu des capitaux mobiliers payé par eux par voie de retenue sur le montant des arrérages ou intérêts de leurs titres par application de l'article 1er, n° 2, de la loi du 29 juin 1872 et de l'article 31 de la loi du 29 mars 1914, à la condition :

1° Qu'ils justifient avoir eu une résidence habituelle en France au 1er janvier de l'année pendant laquelle ils ont touché les dits arrérages ou intérêts ;

2° Qu'ils certifient que le montant du revenu global net dont ils ont disposé durant cette année, calculé de la manière prescrite par les lois en vigueur pour l'établissement de l'impôt général sur le revenu, n'a pas dépassé 6.000 francs.

Ce remboursement ne pourra être demandé que pendant l'année qui suivra celle de la perception des arrérages ou intérêts.

Toute déclaration inexacte sera punie d'une amende égale au quintuple des taxes dont le remboursement aura été indûment obtenu, sans que cette amende puisse être inférieure à 500 francs sans décimes.

Un règlement d'administration publique déterminera les conditions d'application du présent article.

Art. 52. — L'impôt édicté par l'article 38 de la loi du 31 juillet 1917 sur les intérêts, arrérages et tous autres produits des créances, dépôts et cautionnements est dû par le seul fait, soit du payement des intérêts, de quelque manière qu'il soit effectué, soit de leur inscription au débit ou au crédit d'un compte, dès lors que le créancier a son domicile ou sa résidence habituelle en France ou y possède un établissement industriel ou commercial dont dépend la créance, le dépôt ou le cautionnement.

Lorsque le payement des intérêts ou leur inscription au débit ou au crédit d'un compte est effectué en France, l'impôt est acquitté par l'apposition de timbres mobiles soit sur la quittance, soit sur le compte où l'inscription est opérée. Toutefois, un règlement d'administration publique pourra établir des règles spéciales pour l'acquittement de l'impôt sur les intérêts portés au débit ou au crédit d'un compte.

Lorsque le payement des intérêts ou leur inscription au débit ou au crédit d'un compte est effectué hors de France, ou que le payement des intérêts a lieu en Fance sans création d'un écrit pour le constater, le créancier doit souscrire au bureau de l'enregistrement la déclaration du montant de ces intérêts et acquitter la taxe sur ce montant dans les trois premiers mois de l'année suivante.

Art. 53. — Les amendes édictées par le dernier alinéa de l'article 40 de la loi du 31 juillet 1917 sont applicables aux cas de contravention aux dispositions, tant de l'article qui précède, que des règlements d'administration publique prévus par l'article 43 de cette loi et par l'article 52 de la présente loi.

Art. 54. — A compter de la promulgation de la présente loi, sont abrogées les dispositions des articles 19 à 22 de la loi du 31 décembre 1917.

Art. 55. — Est fixé à 25 centimes, quand les sommes n'excèdent pas 100 fr., à 50 centimes quand les sommes sont comprises entre 100 et 1.000 francs, à 1 franc quand les sommes excèdent 1.000 francs, le droit de timbre auquel restent soumis, en vertu des articles 18 à 20 de la loi du 23 août 1871 et de l'article 28 de la loi du 15 juillet 1914, les titres, de quelque nature qu'ils soient, signés ou non signés, faits sous signatures privées, qui constatent des payements ou des versements de sommes, quels que soient le caractère civil ou commercial du payement ou du versement et la qualité de celui qui le reçoit ou l'effectue.

Est porté à 25 centimes le droit de timbre exigible sur les titres comportant reçu pur et simple, libération ou décharge de titres, valeurs ou objets.

Art. 56. — L'article 4 de la loi du 8 juillet 1865 et la disposition de l'article 2 de la loi du 23 août 1871 relative aux quittances de produits et revenus de toute nature délivrées par les comptables de deniers publics sont abrogés.

Ces quittances sont assujetties au droit de timbre édicté par l'article qui précède pour les quittances ou reçus délivrés par les paticuliers. Toutefois, leur délivrance reste obligatoire et le prix du timbre lorsqu'il est exigible, s'ajoute de plein droit au montant de la somme due et est soumis au même mode de payement.

Les quittances des douanes et des contributions indirectes restent soumises au timbre qui leur est spécial.

Art. 57. — A partir de la promulgation de la présente loi, seront soumis à une taxe de 10 p. 100 les payements des prix des ventes intervenues entre non-commerçants, sous quelque forme et dans quelque condition que ce soit, et s'appliquant à des marchandises, denrées fournitures ou objets qui seront désignés comme étant de luxe par les décrets prévus à l'article 64 de la présente loi.

La perception suivra les sommes de franc en franc inclusivement et sans fraction. La taxe sera acquittée par l'apposition de timbres mobiles sur la quittance du prix dont la délivrance est obligatoire, quel que soit le montant du prix. Ces timbres seront immédiatement oblitérés par l'apposition, à l'encre noire, en travers du timbre, de la signature de celui qui donne quittance, décharge ou reçu ainsi que de la date de l'oblitération. La signature peut être remplacée par une griffe apposée à l'encre grasse faisant connaître le nom ou la raison sociale de celui qui a donné quittance, décharge ou reçu, sa résidence et la date de l'oblitération.

Toute personne qui aura participé à une vente, soit comme acquéreur, soit comme vendeur, sans qu'une quittance du prix ait été délivrée et que la taxe de 10 p. 100 ait été acquittée, sera punie personnellement d'une amende égale au triple de la taxe qui n'aura pas été payée, sans que cette amende puisse être inférieure à 100 francs, sans décimes. Toutes les parties seront solidaires pour le payement des droits simples. Le droit de timbre des quittances ne sera pas applicable aux écrits constatant des payements soumis à la taxe de 10 p. 100.

Art. 58. — Lorsqu'une vente de marchandises, denrées, fournitures ou objets classés comme étant de luxe et appartenant à un non-commerçant sera effectuée par un officier public ou ministériel ou constatée par un acte authentique ou sous signatures privées, la taxe de 10 p. 100 édictée par l'article qui précède sera perçue sur le procès-verbal ou l'acte constatant la vente aux lieu et place du droit d'enregistrement.

Art. 59. — A partir du premier jour du mois qui suivra la promulgation de la présente loi, il est institué un impôt sur le chiffredes affaires faites en France par les personnes qui, habituellement ou occasionnellement, achètent pour revendre, ou accomplissent des actes relevant des professions assujetties à l'impôt sur les bénéfices industriels et commerciaux institué par le titre 1er de la loi du 31 juillet 1917, ainsi que par les exploitants d'entreprises assujetties à la redevance proportionnelle prévue par l'article 33 de la loi du 21 avril 1810.

Art. 60. — Sont exemptes de la taxe prévue à l'article précédent :

1° Les affaires consistant dans la vente du pain ;

2° Les affaires ayant pour objet la vente des produits monopolisés par l'Etat ainsi que des timbres et papiers timbrés débités par l'Etat ;

3° Les affaires effectuées par les exploitants de services publics concédés tenus d'appliquer des tarifs fixés ou homologués par l'autorité publique et soumises à ces tarifs ;

4° Les affaires effectuées par les agents de change, les courtiers maritimes, les courtiers d'assurances maritimes et autres personnes ou sociétés, mais exclusivement lorsqu'elles donnent lieu à des commissions ou courtages fixés par des lois ou des décrets ;

5° Les affaires assujetties à l'impôt sur les opérations de bourse des valeurs, édicté par l'article 28 de la loi du 28 avril 1893 ;

6° Les affaires assujetties à l'impôt sur les opérations de bourse de commerce, édicté par les articles 11 de la loi du 13 juillet 1911 et 9 de la loi du 27 février 1912, à l'exclusion de celles qui déterminent l'arrêt de la filière.

Si une affaire comprise dans une filière a été effectuée par une personne non assujettie au répertoire prescrit par les dispositions ci-dessus rappelées, l'impôt sur le chiffre d'affaires applicable à cette opération est réduit, s'il y a lieu, à une somme égale à l'impôt sur les opérations de bourse de commerce ;

7° Les affaires effectuées par les fabricants ou importateurs et portant sur des produits pharmaceutiques et assimilés sur lesquels est perçu l'impôt de 10 p. 100 institué par l'article 16 de la loi du 30 décembre 1916 ;

8° Les affaires effectuées par les sociétés de capitalisation et assujetties à l'impôt établi par l'article 38 de la présente loi ;

9° Les affaires effectuées par les sociétés ou compagnies d'assurances et tous autres assureurs, quelle que soit la nature des risques assurés, et qui sont soumises aux taxes de timbre et d'enregistrement édictées par les articles 6 de la loi du 23 août 1871, 8 de la loi du 29 décembre 1884, 16 de la loi du 13 avril 1898, 16, 17, 18, 20 et 21 de la loi du 29 juin 1918, 2 de la loi du 14 juin 1919 et 39 de la présente loi ;

10° Les affaires effectuées par les entrepreneurs de spectacles et autres attractions et divertissements assimilés et soumises à la taxe instituée par l'article 13 de la loi du 31 décembre 1916 et modifiée par les articles 92 et suivants de la présente loi ;

11° Les affaires effectuées par les entrepreneurs de voitures publiques de terre et d'eau ou les loueurs de voitures partant d'occasion ou à volonté et soumises aux taxes édictées par les articles 115 et suivants de la loi du 25 mars 1817, 8 de la loi du 28 juin 1833, 1er, 2 et 3 de la loi du 11 juillet 1879, 98 et suivants de la présente loi.

Art. 61. — Toute personne redevable de l'impôt établi par l'article 59 de la présente loi et qui n'est pas inscrite au rôle de l'impôt sur les bénéfices industriels et commerciaux doit, dans le mois de la promulgation de la présente loi ou dans les quinze jours du commencement de ses opérations ou de l'ouverture de son établissement industriel ou commercial, souscrire au bureau qui sera désigné par le règlement d'administration publique prévu par l'article 67 ci-après, une déclaration dont la forme et le contenu seront déterminés par le même décret.

Art. 62. — Pour la liquidation de l'impôt institué par l'article 59, le chiffre d'affaires est constitué :

1° Pour les personnes vendant des marchandises, denrées, fournitures ou objets quelconques, par le montant des ventes effectivement et définitivement réalisées ;

2° Pour les personnes faisant acte d'intermédiaires, mandataires, façonniers, loueurs de choses, entrepreneurs ou loueurs de services, banquiers, escompteurs, changeurs, par le montant des courtages, commissions, remises, salaires, prix de location, intérêts, escomptes agios et autres profits définitivement acquis.

Lorsqu'une personne effectue des opérations rentrant les unes dans la première catégorie et les autres dans la seconde catégorie, son chiffre d'affaires est déterminé en appliquant à chacune des opérations les définitions ci-dessus.

Si l'impôt a été perçu à l'occasion de ventes ou de services qui sont par la suite résiliés, annulés ou qui restent impayés, il sera imputé, de la manière fixée au règlement d'administration publique prévu à l'article 67, sur l'impôt dû pour les affaires faites ultérieurement ; il sera restitué si la personne qui l'a acquitté a cessé d'y être assujettie.

Art. 63. — Le taux de l'impôt est fixé à un pour cent (1 %), avec un décime au profit des départements et des communes, du chiffre d'affaires, tel qu'il est défini à l'article qui précède.

Toutefois, il est porté, savoir :

1º A trois pour cent (3 p. 100), sans décimes, pour les affaires afférentes au logement et à la consommation sur place de boissons et denrées alimentaires quelconques effectuées dans des établissements classés comme étant de seconde catégorie ;

2º A dix pour cent (10 p. 100), sans décimes, pour les dépenses afférentes au logement et à la consommation sur place de boissons et denrées alimentaires quelconques effectuées dans des établissements classés comme étant de première catégorie ;

3º A dix pour cent (10 p. 100), sans décimes, pour les ventes au détail ou à la consommation des marchandises, denrées, fournitures ou objets quelconques classés comme étant de luxe.

Les sommes perçues pour les communes et les départements seront réparties selon des règles fixes établies par la loi de finances de 1921 à raison de deux tiers pour les communes et d'un tiers pour les départements.

Art. 64. — Le Gouvernement est autorisé à effectuer par décrets le classement des marchandises, denrées, fournitures ou objets quelconques de luxe, ainsi que la modification du classement opéré. Ces décrets seront soumis à la ratification législative, immédiatement si les Chambres sont réunies, sinon, dès l'ouverture de leur plus prochaine session ; ils resteront applicables jusqu'à la mise en vigueur de la loi statuant sur leur ratification.

Le classement des établissements de première et de seconde catégorie sera effectué dans chaque département par une commission siégeant au chef-lieu et composée : du directeur de l'enregistrement, du directeur des contributions directes et du cadastre, du directeur des contributions indirectes, de deux représentants du commerce intéressé désignés par les chambres de commerce ou, à défaut, par le ministre du commerce et d'un membre délégué par les grandes associations de tourisme ou les syndicats d'initiative ou désigné, à défaut, par le ministre des travaux publics. La commission est présidée par le plus ancien en grade des chefs de service ci-dessus énumérés. En cas de partage des voix, celle du président sera prépondérante.

Les décisions des commissions départementales seront notifiées au chef de l'établissement intéressé par lettre recommandée avec accusé de réception.

Dans le délai d'un mois à compter de cette notification, appel peut être interjeté, soit par le chef de l'établissement, soit par le directeur des contributions indirectes. Cet appel est porté devant une commission supérieure composée de :

Un délégué du ministre du commerce ;

Deux délégués du ministre des finances ;

Deux membres des chambres syndicales des commerces intéressés ;

Trois membres désignés par la réunion des présidents des chambres de commerce ou, à défaut, par le ministre du commerce.

Le président de la commission sera désigné par arrêté du ministre des finances et aura voix prépondérante en cas de partage.

La commission supérieure statue sur mémoire. Ses décisions, ne peuvent être attaquées que pour excès de pouvoir ou violation de la loi devant le Conseil d'Etat ; mais l'intéressé et le directeur des contributions indirectes peuvent, après une année révolue, réclamer de la commission un nouvel examen et ainsi d'année en année.

L'appel ne suspendra pas l'exécution des décisions des commissions départementales.

Un décret déterminera les conditions de fonctionnement des commissions départementales et de la commission supérieure.

Seuls les établissements classés dans la première catégorie pourront prendre dans les enseignes, réclames, annonces, guides ou autres publications la qualification d'établissement de luxe. Au cas d'infraction, l'établissement pourra être immédiatement classé dans la première catégorie.

Le classement des établissements prévu par le présent article devra être effectué dans les deux mois à compter de la promulgation de la présente loi. jusqu'à ce qu'il ait été opéré, les dépenses effectuées dans les établissements classés comme établissements de luxe par application de l'article 28 de la loi du 31 décembre 1917 seront soumises à l'impôt de 10 p. 100 et celles effectuées dans tous les autres établissements à l'impôt de 1 p. 100.

Art. 65. — L'impôt de 1, de 3 ou de 10 % est acquitté par les personnes désignées à l'article 59.

Sa perception suit les sommes de un franc en un franc inclusivement et sans fraction.

Toutefois, pour tous les marchés ou contrats conclus avant la mise en vigueur de la présente loi et portant sur la livraison au détail ou à la consommation de marchandises, denrées, fournitures ou objets classés comme étant de luxe, l'impôt de 10 p. 100 sera à la charge de l'acheteur ou consommateur, aux lieu et place de la taxe de même quotité qui aurait été à sa charge en vertu de l'article 27 de la loi du 31 décembre 1917.

Art. 66. — Toute personne redevable de l'impôt sur le chiffre des affaires devra, si elle ne tient pas habituellement une comptabilité permettant de déterminer son chiffre d'affaires tel qu'il est défini à l'article 62 ci-dessus, avoir un livre aux pages numérotées, sur lequel elle inscrira, jour par jour, sans blanc ni rature :

a) Si elle vend des marchandises, denrées, fournitures ou objets, chacune des ventes qu'elle a effectuées ;

b) Si elle vend des services, chacun des courtages, commissions, remises, salaires, prix de location, intérêts, escomptes, agios et autres profits constituant la rémunération de ces services.

Chaque inscription doit indiquer la date, la désignation sommaire des objets vendus ou du service rendu, ainsi que le prix de la vente ou le montant des courtages, commissions, remises, salaires, prix de location, intérêts, escomptes, agios ou autres profits. Toutefois, les opérations au comptant pour des valeurs inférieures à 100 francs et ne s'appliquant pas à des objets classés comme étant de luxe pourront être inscrites globalement à la fin de chaque journée.

Lorsque la vente aura été conclue avec un autre commerçant et que le prix dépassera 500 francs, le livre portera, en outre, le nom et l'adresse de ce commerçant.

Le montant des opérations inscrites sur le livre sera totalisé à la fin de chaque mois.

Le livre prescrit par le premier alinéa du présent article ou la comptabilité en tenant lieu, ainsi que les pièces justificatives des opérations effectuées par les redevables, notamment les factures d'achats, devront être conservés pendant un délai de trois ans à compter du 1er janvier de l'année durant laquelle le livre a été commencé ou durant laquelle les pièces ont été établies.

Art. 67. — Les personnes visées à l'article précédent sont tenues :

1° De fournir aux agents des contributions directes ainsi qu'à ceux des autres services financiers qui seront désignés par un règlement d'administration publique pour chaque catégorie de commerçants, tant au principal établissement que dans les succursales et agences, toutes justifications nécessaires à la fixation du chiffre d'affaires ;

2° De remettre chaque mois, de la manière et dans le délai qui seront fixés par le règlement d'administration publique prévu au premier alinéa du présent article, un relevé qui indiquera le montant total du chiffre de leurs affaires pendant le mois précédent et distinctement, s'il y a lieu, les fractions de ce chiffre passibles de la taxe de 10 p. 100, ainsi que d'acquitter le montant des taxes exigibles d'après ce relevé dans les conditions qui seront arrêtées par le même règlement.

Ce règlement pourra déterminer les conditions auxquelles l'administration aura la faculté de dispenser les redevables de certaines des obligations édictées par l'article 66 et de celles édictées sous le numéro 2° ci-dessus, moyennant le versement d'un forfait annuel, ou de modifier exceptionnellement le délai de déclaration et de payement fixé audit numéro.

Par exception, le premier des relevés prescrits ci-dessus ne sera envoyé et le premier versement de l'impôt ne sera effectué que le troisième mois qui suivra celui de la promulgation de la présente loi. Ce premier relevé comprendra, avec le chiffre de chaque mois, le montant total du chiffre d'affaires depuis la mise en vigueur de la loi jusqu'à la fin du mois précédant son envoi.

Art. 68. — Toute contravention aux dispositions des articles 59 à 67 sera punie :

1° Si elle n'a privé le Trésor d'aucune fraction de l'impôt à la charge du contrevenant, d'une amende fiscale de 1.000 francs, sans décimes ;

2° Si elle a entraîné le défaut de payement dans le délai légal de la totalité ou d'une partie de l'impôt, d'une amende fiscale égale, pour chaque mois ou fraction de mois de retard, au montant de l'impôt non payé dans le délai légal, avec minimum de 1.000 francs sans décimes.

Au cas où un contrevenant ayant encouru depuis moins de trois ans une des amendes fiscales ci-dessus édictées aura commis intentionnellement une nouvelle infraction, il pourra être traduit devant le tribunal correctionnel à la requête de l'administration compétente et puni d'un emprisonnement de huit jours à trois mois. Le tribunal correctionnel pourra ordonner à la demande de l'administration, que le jugement sera publié intégralement ou par extraits dans les journaux qu'il désignera et affiché dans les lieux qu'il indiquera, le tout aux frais du condamné. Toutes les dispositions de l'article 7 de la loi du 1er août 1905 seront applicables dans ce cas.

L'article 463 du code pénal sera applicable, même en cas de récidive, aux délits prévus par le présent article.

Art. 69. — Tout refus par un redevable des communications prescrites par les articles 66 et 67 de la présente loi sera constaté par un procès-verbal et puni d'une amende de 500 à 5.000 francs, sans décimes.

Indépendamment de cette amende, le redevable devra, en cas d'instance, être condamné à représenter les pièces et documents non communiqués sous une astreinte de 100 francs au minimum par chaque jour de retard.

Cette astreinte, non soumise aux décimes, commencera à courir de la date de la signature par la partie ou de la notification du procès-verbal qui sera dressé pour constater le refus d'exécuter le jugement régulièrement signifié ; elle ne cessera que du jour où il sera constaté, au moyen d'une mention inscrite par un agent de contrôle sur des livres du redevable, que l'administration a été mise à même d'obtenir la communication.

Art. 70. — Les infractions aux prescriptions de la présente loi relatives à l'impôt sur le chiffre des affaires peuvent être établies par tous les modes de preuve de droit commun ou constatées au moyen de procès-verbaux dressés par les officiers de police judiciaire et par les agents de l'enregistrement, des contributions directes, des contributions indirectes, des douanes et de la répression des fraudes.

Un dixième des amendes recouvrées sera versé à un fonds commun qui sera réparti au personnel chargé de l'application de l'impôt sur le chiffre d'affaires.

L'action de l'administration se prescrit par trois ans à compter de l'infraction.

Les poursuites contre les redevables auront lieu par voie de contraintes décernées par les agents des services financiers qui seront désignés par le règlement d'administration publique prévu par l'article 67 de la présente loi. Les contraintes seront visées par le juge de paix de l'endroit où l'impôt devra être acquitté et signifiées aux redevables. L'exécution des contraintes ne pourra être interrompue que par une opposition formée par le redevable et motivée avec assignation devant le conseil de préfecture.

Sous la réserve spécifiée à l'alinéa qui précède, les instances sont introduites, instruites et jugées par les conseils de préfecture, sauf appel devant le conseil d'Etat suivant les formes fixées par la loi du 22 juillet 1889.

L'action en restitution des redevables se prescrit par deux ans à compter du paiement.

Art. 71. — Lorsqu'une vente publique comprendra des marchandises, denrées, fournitures ou objets quelconques appartenant à une personne redevable de l'impôt sur le chiffre d'affaires et classés comme étant de luxe conformément à l'article 64 de la présente loi, la taxe de 10 p. 100 sera perçue, lors de l'enregistrement du procès-verbal de la vente, sur le prix desdits objets, aux lieu et place du droit d'enregistrement exigible sur ce prix.

Art. 72. — Les importations d'objets ou de marchandises sont soumises, quel que soit l'importateur, à l'impôt de 1 p. 100 qui sera liquidé sur la valeur desdits objets ou marchandises, droits de douane et de consommation ou de circulation compris, ou s'il s'agit de marchandises, denrées, fournitures ou objets destinés à un non-commerçant et classés comme étant de luxe, à l'impôt de 10 p. 100 édicté par l'article 63 de la présente loi. Dans ce cas, l'impôt sera perçu, les contraventions seront punies, les poursuites seront effectuées et les instances instruites et jugées comme en matière de douane et par les tribunaux compétents en cette matière.

Lorsqu'une personne résidant hors de France a acheté en France des marchandises ou objets qu'elle donne l'ordre de livrer en France à un tiers auquel elle les a revendues, la livraison opérée en vertu de cet ordre sera assimilée à une importation et le vendeur qui l'effectuera sera, en conséquence, tenu d'acquitter, indépendamment de l'impôt applicable à l'affaire réalisée avec ladite personne, un second impôt de 1 ou de 10 p. 100 selon la qualité du tiers qui a reçu la livraison et la nature des marchandises ou objets livrés.

Sont exemptes de l'impôt de 1 ou de 10 p. 100 les affaires s'appliquant à des opérations de vente, de commission ou de courtage qui portent sur des objets ou marchandises exportés, sous réserve, en ce qui concerne les affaires passibles de l'impôt de 10 p. 100, des exceptions qui seront déterminées par les décrets prévus à l'article 64 de la présente loi.

Les mesures nécessaires pour l'exécution des dispositions du présent article, notamment la définition de la matière imposable, seront réglées par des arrêtés ministériels.

Art. 73. — Les articles 23 à 28 de la loi du 31 décembre 1917 sont abrogés à partir de la mise en vigueur de la présente loi sous réserve des dispositions ci-après :

La taxe établie par l'article 27 de la loi du 31 décembre 1917 continuera, en ce qui concerne les eaux-de-vie, liqueurs, apéritifs et vins de liqueur, ainsi que les vins fins qui seront classés comme étant de luxe par les décrets prévus à l'article 64 ci-dessus, à être perçue dans les conditions fixées par les articles 24 de la loi du 29 juin 1918 et 19 de la loi du 31 décembre 1918. Toutefois, le taux de la taxe est porté à 25 p. 100 en ce qui concerne les eaux-de-vie, liqueurs, apéritifs et vins de liqueur et à 15 p. 100 en ce qui concerne les vins classés comme étant de luxe.

Ces ventes n'entreront pas dans le chiffre des affaires soumises à l'impôt institué par l'article 59 de la présente loi, mais uniquement en ce qui concerne le commerçant tenu d'acquitter la taxe de 25 ou de 15 p. 100.

Art. 74. — La constatation et la perception des taxes de 25 % sur les spiritueux et vins de liqueur et de 15 p. 100 sur les vins fins sont assurées par l'administration des contributions indirectes.

Cette perception est effectuée soit au comptant au moment de la déclaration d'enlèvement des boissons faite à la recette buraliste pour la délivrance de l'expédition, sur déclaration, par l'expéditeur, de la valeur des boissons imposées, soit mensuellement si le commerçant a été autorisé à être en compte avec le Trésor.

Dans ce dernier cas, le commerçant est tenu : 1° de fournir une caution spéciale ; 2° d'inscrire ses ventes, rendus et échanges sur un livre dont le modèle est agréé par le directeur départemental et qui doit être représenté à toute réquisition ; 3° de remettre au service, dans les dix premiers jours de chaque mois, un extrait certifié de ce livre, concernant les opérations du mois précédent.

Les commerçants en spiritueux, vins de liqueur ou vins fins sont également tenus de représenter à toute réquisition du service des contributions indirectes leurs livres, registres, pièces de recettes, de dépenses et de comptabilité.

Art. 75. — Les taxes de 25 % et de 15 % sont perçues sur toutes les importations de spiritueux, vins de liqueur et vins fins à destination des débitants et des consommateurs. La perception en sera opérée à la recette buraliste en même temps que celle du droit de consommation ou de circulation lors de la déclaration effectuée par l'importateur pour la délivrance du titre de mouvement. Cette déclaration, faite par écrit, devra mentionner la valeur de la marchandise sur le marché intérieur, et la taxe sera perçue d'après cette valeur, droits de douane et de consommation (ou de circulation) compris.

Art. 76. — Les contraventions aux dispositions des articles 74 et 75 sont constatées, à la requête de l'administration des contributions indirectes, dans la forme ordinaire, par les employés des contributions indirectes ou des douanes.

Elles seront punies d'une amende de 50 à 500 francs, du quintuple des droits fraudés ou compromis, ainsi que de la confiscation des boissons qui seront saisies.

TITRE III

DOUANES ET CONTRIBUTIONS INDIRECTES

Art. 77. — L'article 17 de la loi de finances du 28 décembre 1895 est modifié ainsi qu'il suit :

« Les employés supérieurs, contrôleurs en chef, vérificateurs principaux et receveurs des douanes pourront exiger la communication des papiers et documents de toute nature relatifs aux opérations intéressant leur service.

« 1° Dans les gares de chemins de fer (lettres de voiture, factures, feuilles de chargement, livres, registres, etc.) ;

« 2° Chez les compagnies de navigation maritimes et fluviales, armateurs, consignataires et courtiers maritimes (manifestes de fret, connaissements, billets de bord, avis d'expédition, ordres de livraison, etc.) ;

« 3° Chez les concessionnaires d'entrepôts, docks et magasins généraux (registres et dossiers de dépôt, carnets de warrants et de nantissement, registres d'entrée et de sortie des marchandises, situation de marchandises, comptabilité-matières, etc.) ;

« 4° Chez les commissionnaires ou transitaires.

« A l'expiration du délai de trois mois qui suivra la promulgation de la présente loi, les commissionnaires ou transitaires devront tenir des répertoires annuels, cotés et paraphés, de leurs opérations en douanes. Ces répertoires seront distincts pour les opérations d'importation et pour les opérations d'exportation. Lesdites opérations seront inscrites à chaque répertoire sous une série unique de numéros ; ces numéros seront reproduits sur les déclarations de douane. Les répertoires, dont le modèle sera fixé par décret, serviront de base aux recherches des agents des douanes, qui pourront, en outre, exiger la production de la correspondance et des pièces de comptabilité afférentes aux opérations enregistrées. Ces répertoires, correspondance et pièces devront être conservés pendant un délai de trois ans à compter de la date d'enregistrement des déclarations de douane correspondantes.

« Toute omission d'inscription aux répertoires, tout refus de communication de pièces, toute dissimulation de pièces ou d'opérations donnera lieu à l'application des pénalités et mesures prévues par les articles 2 du titre IV de la loi du 4 germinal an II, 83 de la loi du 8 floréal an XI et 5 de la loi du 29 décembre 1917, sans préjudice des peines spéciales applicables aux délits et contraventions qui viendraient à être découverts. »

Art. 78. — Le taux de 10 francs fixé par l'article 24 de la loi du 16 mai 1863, et au delà duquel les marchandises acquittent les droits de douane au poids net, est porté à 60 fr. par 100 kilogr. pour le tarif général et à 30 francs pour le tarif minimum et le tarif dit intermédiaire (droit normal, sans addition de coefficient). A l'égard de ces marchandises, les emballages des catégories imposables n'acquittent séparément les droits qui leur sont propres que lorsqu'ils sont supérieurs de plus de 10 p. 100 à ceux du contenu.

Cette règle est applicable aux machines et mécaniques, aux pièces et organes de machines ainsi qu'aux articles antérieurement taxés au demi-brut.

Les fils, ficelles et cordages acquittent les droits sur le poids cumulé de la marchandise et de l'emballage intérieur immédiat.

Par exception aux dispositions ci-dessus, les gaz comprimés ou liquéfiés, les sucres et leurs dérivés, les huiles minérales (brutes, raffinées, essences, huiles lourdes et résidus) continuent à être imposés sur les bases antérieures.

Art. 79. — Le service des douanes est autorisé à faire mettre sous corde et plomb les colis constitués en dépôts ailleurs que dans les magasins de la douane. Le prix de chaque plomb est fixé à un franc.

De même, par dérogation à l'article 21 de la loi du 2 juillet 1836, pour les opérations de transit international, le prix de chaque plomb est de un franc.

Art. 80. — L'article 19 de la loi du 28 avril 1816 est modifié ainsi qu'il suit :

« Les actes délivrés par le service des douanes porteront un timbre particulier dont le droit est réglé ainsi qu'il suit, sans addition de décimes :

« 1° Pour les acquits-à-caution, les permis de réexportation par mer, les permis de transbordement, les actes relatifs à la navigation et les commissions d'emploi, 1 franc ;

« 2° Pour les acquits-à-caution comprenant exclusivement des colis postaux :

« a) Transitant par la France, exemption ;

« b) Autres :

« Si l'opération porte sur moins de dix colis, 10 centimes par colis ;

« Si l'opération porte sur 10 colis et plus, 1 franc ;

« 3° Pour les quittances de droits, y compris celles qui sont délivrées pour les droits de statistique :

« Jusqu'à 1 franc, exemption ;

« De 1 franc exclusivement à 10 francs inclusivement, 5 centimes ;

« Au-dessus de 10 francs, 20 centimes par 100 fr. ou fraction de 100 francs ;

« 4° Pour toutes les autres expéditions à l'exception des colis postaux transitant par la France, 5 centimes.

« L'application de ces timbres et leur perception seront assurées par l'administration des douanes.

« Les dispositions ci-dessus ne concernent pas les actes judiciaires dressés par les agents des douanes : ces actes sont assujettis au timbre ordinaire. »

Sont abrogées, en ce qu'elles ont de contraire au présent article, les dispositions de l'article 2 de la loi du 24 juillet 1881.

Art. 81. — Sont abrogés les articles 37 de la loi du 27 vendémiaire an II et 6 de la loi du 26 février 1887.

Le droit de permis est perçu à raison de 60 centimes par expéditeur ou destinataire réel, sur toute déclaration de marchandises à destination ou en provenance de l'étranger. Toutefois, les marchandises expédiées en transit ou en transbordement ne doivent le droit qu'une fois. Celles qui sont importées pour l'entrepôt acquittent le droit de permis à la sortie de l'entrepôt.

Lorsque la déclaration comprend exclusivement des colis postaux, le droit est de 10 centimes par colis jusqu'à cinq et de 60 centimes pour les envois comprenant plus de cinq colis.

Toute omission de déclaration ou fausse déclaration devant avoir pour effet d'éluder le droit sera punie d'une amende de 50 francs, décimes en sus.

Sont exemptées du droit de permis les opérations portant sur les provisions de bord, la houille destinée aux approvisionnements des navires, les bagages des voyageurs, les provisions de voyage, les effets de marins, les marchandises provenant de prises maritimes, de naufrages et d'épaves, les échantillons sans valeur, les colis postaux transitant par la France et le trafic frontière.

Art. 82. — Sont rapportés les articles 12 du décret-loi du 11 juin 1806 et 15 de la loi du 17 juin 1840, relatifs au boni des sels, ainsi que les ordonnances et décrets rendus en vertu de ces lois.

Les chargements en cours de transport ou entreposés avant la promulgaton de la présente loi jouiront de la remise dans les conditions antérieurement en vigueur.

Les déficits constatés à l'arrivée sur les sels expédiés en suspension du droit de consommation seront, hors le cas de soupçon d'abus, alloués en franchise.

Art. 83. — A titre provisoire et pour une durée de cinq ans, les droits de circulation ou de fabrication au profit de l'Etat sont fixés à :

14 francs par hectolitre le droit de circulation sur les vins ;

3 francs par hectolitre le droit de circulation sur les piquettes déplacées par les récoltants, pour leur propre consommation, en dehors du rayon de franchise ;

6 fr. 50 par hectolitre le droit de circulation sur les cidres, poirés et hydromels ;

1 fr. 70 par degré-hectolitre le droit de fabrication sur les bières.

En outre, par modification aux articles 2, 3 et 4 de la loi du 22 février 1918, sera perçue au profit des communes une surtaxe de :

5 francs par hectolitre pour les vins et piquettes ;

2 fr. 50 par hectolitres pour les cidres, poirés et hydromels ;

90 centimes par degré-hectolitre pour les bières.

Toutes dispositions contraires à celles du présent article sont abrogées.

Art. 84. — L'article unique de la loi du 21 juillet 1909 est abrogé et remplacé par les dispositions suivantes ;

« Les deux derniers paragraphes de l'article 9 de la loi du 30 mai 1899 sont remplacés par le paragraphe suivant :

« 2° Au quadruple du même droit par degré-hectolitre au-dessus de 15 p. 100. En cas d'excédent de plus de 20 p. 100 de la quantité déclarée, un procès-verbal sera rapporté en vue de l'application des pénalités prévues par le paragraphe 3 de l'article 16 de la loi du 30 mai 1899.

« Les quantités de moût qui, aux termes de l'article 10 de la loi du 30 mai 1899, sont passibles du droit de 5 francs par degré-hectolitre seront désormais frappées du décuple droit de fabrication sur la bière. »

Art. 85. — Les paragraphes 4 et 5 de l'article 14 de la loi du 30 mai 1899 sont complétés ainsi qu'il suit :

« Un décret déterminera :

« 4° Les prescriptions à remplir par les brasseurs :

« a) Pour être exemptés des visites de nuit ;

« b) Pour obtenir la restitution du droit de fabrication sur les bières exportées ;

« c) Pour obtenir la restitution du droit de fabrication sur les bières avariées et jetées à l'égout ;

« 5° Les conditions auxquelles seront subordonnés l'introduction et l'emploi en brasserie des sucros (saccharose), mélasses, glucoses, maltoses, maltine, sucs végétaux et autres substances sucrées analogues ; les bases d'imposition des produits régulièrement employés et des manquants constatés. »

Art. 86. — Le droit intérieur de consommation institué par l'article 15 de la loi du 30 décembre 1916 sur les eaux minérales et de laboratoire est porté à 5 centimes par litre ou fraction de litre, lorsque le prix de vente à la sortie de l'établissement de production est égal ou inférieur à 30 centimes par bouteille, et à 10 centimes par litre, lorsque ce prix est supérieur à 30 centimes par bouteille.

En outre, il pourra sur leur demande, être perçu au profit des communes sur le territoire desquelles sont situées des sources d'eau minérale, une surtaxe d'un centime par bouteille.

Lorsque le produit de cette surtaxe excédera le montant des ressources ordinaires de la commune pour l'excédent précédent, le surplus sera attribué au département.

Le droit de consommation sur les eaux gazéifiées et les limonades est dans tous les cas, de 5 centimes par litre ou fraction de litre.

Les poudres, sels, comprimés et généralement tous produits destinés à préparer des limonades ou des eaux gazéifiées sont soumis au même régime fiscal que les produits de même nature destinés à la préparation des eaux minérales artificielles ; l'impôt édicté par l'article 29 de la loi du 31 décembre 1917 est doublé.

Le taux de l'impôt sur l'acide carbonique liquide, institué par l'article unique de la loi du 30 mars 1918, est porté à 2 francs par kilogramme d'acide.

La taxe de consommation établie par le même article sur les capsules et autres récipients d'acide carbonique liquide dosés pour la gazéification d'une bouteille ou d'un siphon et importés de l'étranger est fixée à 5 centimes par 10 grammes ou fraction de 10 grammes d'acide carbonique liquide.

Art. 87. — Le droit de consommation qui frappe l'alcool et les liquides assimilés est porté à 1.000 francs l'hectolitre d'alcool pur, dont 750 francs pour le Trésor et 250 francs pour le fonds commun établi au profit des communes par la loi du 22 février 1918.

Sur le produit de cette surtaxe et de celle visée aux articles précédents, il est prélevé une somme de un million qui sera répartie entre les communes du département de la Corse, au prorata de leur population.

Les droits actuels sur l'alcool en Corse sont élevés de 200 francs, qui seront attribués au fonds commun.

Les vermouths et vins de liqueur sont soumis désormais au régime de l'alcool.

Les dispositions contraires des articles 10, 11 et 14 de la loi du 30 janvier 1907 sont abrogées.

La surtaxe de 50 francs par hectolitre d'alcool pur établie par la loi du 30 janvier 1907 est supprimée.

Le crédit prévu par le dernier paragraphe de l'article premier de la loi du 22 février 1918 ne pourra porter sur une quantité supérieure à la moitié des restes en magasin.

Il est ajouté à l'article 22 de la loi du 29 décembre 1919 un alinéa ainsi conçu :

« Ce bénéfice s'appliquera aux quantités distillées depuis l'origine de la campagne 1919-1920. En conséquence, les propriétaires exploitants visés à l'alinéa précédent et qui auront acquitté les droits depuis le 30 septembre 1919 sur les dix litres en franchise, pourront en obtenir le remboursement sur un mandat délivré par le directeur des contributions indirectes du département. Le bénéfice appartient également aux veuves non remariées des cultivateurs mobilisés postérieurement au 2 août 1914 et qui sont morts pendant la guerre.

Art. 88. — Tous commerçants ou dépositaires d'alcool, de vins, de cidres, poirés et hydromels devront, dans les cinq jours de la promulgation de la présente loi, faire au bureau de la régie des contributions indirectes la déclaration des quantités en leur possession. Ces quantités seront reprises par voie d'inventaire et passibles des taxes complémentaires.

Lorsque la somme à payer d'après chaque décompte s'élèvera à 300 fr. au moins, le payement pourra être effectué au moyen d'obligations cautionnées souscrites dans les conditions déterminées par la loi du 15 février 1875.

Toute quantité non déclarée donnera lieu au payement en sus de la surtaxe, d'une amende double de ladite surtaxe.

Art. 89. — Sur les quantités d'alcool d'industrie qui lui sont réservées par application de l'article 4 de la loi du 30 juin 1916, le Gouvernement est autorisé à faire des cessions pour les emplois dits privilégiés dans les conditions actuelles et, en plus, 40.000 hectolitres au maximum pour la conservation des fruits frais et sucs de fruits.

Les prix d'achat et de cession seront fixés par arrêtés du ministre des finances.

Est réservée à l'État l'importation des alcools d'origine ou de provenance étrangère ou coloniale.

Dans le cas où, par dérogation à cette disposition, la prohibition d'importation serait levée, les vins de liqueur, les eaux-de-vie, rhums, liqueurs, gins, wiskies et autres préparations alcooliques, consommables en l'état, d'origine coloniale ou étrangère, seront assujettis au payement d'une surtaxe sur l'alcool contenu, égale à la différence entre les prix d'achat et de cession par l'État des alcools cédés pour la conservation des fruits frais et sucs de fruits, en vigueur au moment du dédouanement.

Les rhums des colonies françaises seront exempts de cette surtaxe, s'ils proviennent de la mise en œuvre de matières premières (cannes ou mélasses) récoltées ou fabriquées dans ces colonies. Un décret déterminera les conditions d'application de la présente disposition.

La surtaxe précitée fera partie du prix soumis à la taxe de 25 % prévue à l'article 73.

Art. 90. — Le droit de garantie sur les ouvrages en métaux précieux est porté à 150 francs par hectogramme pour le platine, à 60 francs par hectogramme pour l'or et à 3 fr. 50 par hectogramme pour l'argent.

Pour la restitution du droit sur les ouvrages exportés, le nouveau tarif ne sera applicable qu'un an après la mise en vigueur de la présente loi.

Les fabricants sont admis à se libérer au moyen d'obligations cautionnées dans les conditions déterminées par la loi du 15 février 1875.

Art. 91. — Le tarif de l'impôt établi, sur les cartes à jouer consommées en France, par l'article 23 de la loi du 28 décembre 1895 est modifié comme suit :

DÉSIGNATION	CARTES	
	ordinaires.	de cercle.
1° Jeux au portrait français :		
Jeux de 36 cartes et au dessous..........................	1f »	2f »
Jeux de plus de 36 cartes...........................	1 50	3 »
2° Jeux au portrait étranger, quel que soit le nombre de cartes	1 50	3 »

Les produits des jeux de cercle, casinos, sont frappés d'un droit de 10 % sur les recettes brutes des jeux et cagnottes.

Un décret contresigné par le ministre des finances fixera les conditions dans lesquelles ce droit sera perçu.

Art. 92. — L'article 13 de la loi du 30 décembre 1916 est remplacé par les dispositions suivantes :

Sauf les exceptions prévues à l'article 93 ci-après, il est institué sur les spectacles et autres attractions ou divertissements assimilés, une taxe dont le tarif est fixé comme il suit :

1° Théâtres, cafés-concerts, concerts symphoniques, cabarets d'auteurs, dioramas, panoramas, phonographes, orchestres mécaniques, musées de cires, séances de prestidigitation, d'hypnotisme, cirques, ménageries et tous autres spectacles, attractions, exhibitions, jeux et amusements assimilables auxquels le public est admis, moyennant payement, salons et expositions diverses, bals de sociétés, bals forains ou occasionnels :

6 % des recettes brutes, déduction faite du droit des pauvres et de toute autre taxe communale établie par la loi ;

2° Music-halls, courses vélocipédiques, pédestres, nautiques, matches d'escrime et de billard ;

10 % des recettes brutes, déduction faite du droit des pauvres et de toute autre taxe communale établie par la loi ;

3° Cinématographes :

10 % jusqu'à 15.000 francs de recettes brutes mensuelles ; 15 % pour les recettes comprises entre 15.001 et 50.000 francs ; 20 % pour les recettes comprises entre 50.001 et 100.000 francs ; 25 % pour les recettes au-dessus de 100.000 francs, déduction faite du droit des pauvres et de toute autre taxe communale établie par la loi ;

4° Dancings, bals, skatings, matches de lutte, course de taureaux, tirs aux pigeons, combats de coqs, thés-concerts, soupers-concerts, thés-dancings, soupers-dancings et tous autres établissements similaires, quel que soit leur mode d'exploitation :

25 % du prix des places ou entrées et de toutes les recettes effectuées, déduction faite du droit des pauvres et de toute autre taxe communale établie par la loi.

Toutefois, le taux de la taxe établie sur les courses de taureaux est réduit à 6 % pour les courses dites landaises, provençales et similaires.

Une taxe de 25 % sera perçu sur les prix des places des matches de boxe supérieurs à 20 francs, et une taxe de 10 % sur les prix des places inférieurs à 20 francs.

Si les attractions offertes au public par un établissement appartiennent par leur genre à plusieurs catégories de spectacles différemment imposées, la taxe est calculée d'après le tarif le plus faible lorsque le spectacle passible de cette taxe, considéré isolément, a une durée au moins égale aux trois quarts de la durée totale des représentations.

En ce qui concerne les trois premières catégories, les entrées à titre gratuit sont imposées d'après le prix des places payantes ; les entrées à prix réduit sont imposées d'après le prix des places effectivement payé ; les entrées avec des cartes d'abonnement sont taxées d'après le tarif normal des places prises en location, auxquelles elles donnent droit ; les cartes d'abonnement permanentes permettant un nombre indéterminé d'entrées sont imposées, soit comme les billets ordinaires pour chaque entrée à laquelle elles donnent effectivement lieu, soit, sur la demande des établissements, d'après un nombre d'entrées égal au nombre de jours pour lesquels ces cartes sont valables ; dans ce cas, l'impôt doit être acquitté au moment de la délivrance des cartes.

Si, à la perception de la place est jointe ou substituée obligatoirement celle d'un droit de location, de vestiaire, ou celle du prix d'un objet ou d'une fourniture quelconque, la taxe s'applique également au prix perçu à ces divers titres.

Les communes sont autorisées à percevoir des taxes municipales, dont les tarifs devront être approuvés par le préfet, sur les cinémas et les établissements publics où l'on joue de la musique et où se donnent des représentations théâtrales.

Les entrepreneurs et organisateurs de spectacles visés devront, vingt-quatre heures avant l'ouverture des établissements, faire une déclaration sur timbre de 2 francs à la recette buraliste la plus proche de leur commune.

Art. 93. — La taxe prévue à l'article précédent ne s'applique pas aux représentations organisées au profit exclusif : 1° des établissements publics et des œuvres reconnues d'utilité publique ayant un caractère de bienfaisance; 2° des sociétés de secours mutuels également reconnues d'utilité publique ou approuvées ; 3° des œuvres de guerre autorisées par arrêté ministériel dans les conditions prévues par la loi du 30 mai 1916 ; 4° sur l'avis conforme de l'office national des sports, des fédérations et des sociétés dont les recettes sont exclusivement réservées à leur propre fonctionnement, dans le but de contribuer au développement du sport, de l'éducation physique et de la préparation au service militaire ; 5° des associations amicales des réformés, mutilés et veuves de guerre, des associations amicales d'anciens combattants, des associations d'éducation populaire qui ont fait la déclaration prévue par la loi du 1er juillet 1901 et qui ne poursuivent la réalisation d'aucun bénéfice commercial ou financier. Pour bénéficier de l'exonération, les organisateurs des représentations doivent justifier auprès de l'administration des contributions indirectes que la totalité des recettes a bien été affectée, sous la seule déduction des frais, à l'œuvre au profit de laquelle la représentation est donnée.

Pour les représentations à bénéfices et pour les représentations de gala organisées dans un but de bienfaisance, lorsque le prix d'entrée est majoré, l'impôt est caculé d'après le tarif normal des places.

Sont exemptées de l'impôt les places offertes gratuitement aux blessés de guerre hospitalisés, aux mutilés et réformés de guerre; peuvent être exemptées, dans les conditions déterminées par l'administration, les places occupées par les personnes tenues d'assister au spectacle en raison de l'exercice de leurs fonctions ou de leur profession, ainsi que celles offertes gratuitement aux élèves des facultés, écoles, pensionnats, etc., assistant en groupe aux représentations.

Les représentations enfantines, et d'une manière générale, les spectacles, ne comportant pas de places dont le prix est supérieur à 25 centimes ou dont l'entrée est gratuite ne sont pas soumis à l'impôt.

Dans les théâtres et concerts symphoniques qui étaient subventionnés par l'Etat ou les villes pendant la période des trois années antérieures au 1er août 1914 et auxquels sera allouée pour l'avenir une subvention, il ne sera perçu aucune taxe sur les places dont le prix est inférieur, droit des pauvres et autre taxe communale compris, à 6 francs pour Paris et 3 francs ailleurs ; la subvention devra, dans tous les cas, résulter de contrats ou cahiers de charges contenant des obligations réciproques et, en ce qui concerne les théâtres subventionnés par les villes, le total des exemptions d'impôts ne pourra dépasser le montant de la subvention.

Art. 94. — Les conditions d'application des deux articles qui précèdent, notamment en ce qui concerne le classement des établissements de spectacles soumis à la taxe, dans l'une ou l'autre des catégories prévues à l'article 92, le mode de perception par voie d'exercice ou par abonnement, la communication de la comptabilité des établissements assujettis à l'impôt, et, d'une manière générale, toutes les mesures nécessaires pour assurer l'application de la loi seront déterminées par voie de décrets.

En cas de contestations pour la fixation du montant des abonnements prévus au paragraphe précédent, le conseil de préfecture sera appelé à statuer, sauf recours au Conseil d'Etat.

Toute infraction aux dispositions des articles 92 et 93 ou à celles des décrets prévus au premier paragraphe du présent article, de même que toute manœuvre ayant pour but ou ayant eu pour résultat de frauder ou de compromettre l'impôt édicté par les articles précités, sera punie, en outre du quintuple des droits fraudés ou compromis, d'une amende de 500 francs au moins et de 2.000 francs au plus. La fermeture provisoire des établissements pourra être ordonnée par l'administration, en cas d'empêchement ou de résistance à l'action des agents chargés de la constatation ou en cas de retard dans le payement des droits.

Art. 95. — Les sociétés autorisées à organiser des courses de chevaux, conformément aux prescriptions de la loi du 2 juin 1891, sont passibles d'une taxe au profit de l'Etat sur le montant annuel brut des recettes pour entrées et stationnement qu'elles perçoivent sur les champs de courses ou par voie de cotisations et d'abonnements.

Cette taxe est de :

6 % sur la partie des recettes qui dépassera 500.000 francs, et ne sera pas supérieure à 3 millions ;

10 % sur la partie des recettes qui dépassera 3 millions et ne sera pas supérieure à 6 millions ;

15 % sur la partie des recettes qui dépassera 6 millions et ne sera pas supérieure à 10 millions ;

20 % sur la partie des recettes qui dépassera 10 millions.

Les sociétés auront le droit de récupérer le montant de cet impôt sur le public dans les conditions qui seront déterminées par un décret contresigné par les ministres des finances et de l'agriculture.

L'impôt sera constaté et perçu dans les conditions qui seront déterminées par le même décret.

Les infractions au présent article et aux décrets rendus pour son exécution seront punies des peines prévues au dernier paragraphe de l'article précédent.

Art. 96. — La perception du droit des pauvres au profit des établissements d'assistance publique, établie par la loi du 7 frimaire an V et les lois postérieures, reste fixée aux tarifs indiqués par ces lois. Cette perception s'appliquera aux recettes brutes totales des établissements de spectacle dans les conditions fixées par l'article 92 de la présente loi aussi bien aux entrées à titre gratuit qu'aux entrées à prix réduit et d'après le prix des mêmes places payantes.

Les contraventions en matière de droit des pauvres, de même que toute manœuvre ayant pour but ou ayant eu pour résultat de frauder ou de compromettre le droit, seront punies des pénalités prévues à l'article 94. Le recouvrement des droits sera opéré comme en matière de contributions indirectes, les contraventions seront constatées et les poursuites exercées suivant les formes propres à cette administration, qui, en cas de contravention commune, sera exclusivement chargée du soin de transiger ou de poursuivre.

Art. 97. — L'impôt sur l'acide stéarique et autres matières à l'état de bougies et de cierges est élevé de 20 francs à 30 francs par 100 kilogrammes.

Tous commerçants ou dépositaires des produits visés au présent article devront, dans le délai de trois jours de la promulgation de la présente loi, faire au bureau de la régie des contributions indirectes la déclaration des quantités existant en leur possession. Ces quantités seront reprises par voie d'inventaire et immédiatement soumises au droit de 10 francs par 100 kilogrammes nets.

Toute quantité non déclarée donnera lieu, en sus du montant de la surtaxe, au payement d'une somme égale à dix fois le montant de ladite surtaxe.

Art. 98. — Le tarif du droit fixe par voiture, déterminé par la loi du 11 juillet 1879, article premier, est modifié comme suit :

Voitures droit fixe : par voiture à :	1 et 2 places	72 »	6 »
	3 places	108 »	9 »
	4 places	144 »	12 »
	5 places	180 »	15 »
	6 places	204 »	17 »
Pour chaque place au delà de :	6 jusqu'à 50 inclus	18 »	1 50
	50 jusqu'à 150 inclus	8 40	0 70
	150	4 80	0 40

Les droits fixés par le présent article sont exigibles par mois et d'avance. Ils sont toujours dus pour un mois entier à quelque époque que commence ou cesse le service. Le laissez-passer délivré pour l'année cesse d'être valable s'il ne mentionne pas le payement de l'impôt pour la période mensuelle en cours.

Les voitures que les particuliers mettent accidentellement en circulation, à prix d'argent, dans les conditions de l'article 11 de la loi du 20 juillet 1837, sont soumises à un droit de 0 fr. 30 par place et par jour.

Art. 99. — Tout propriétaire de voiture automobile publique ou privée servant au transport des personnes ou des marchandises devra, pour chaque voiture mise en circulation, être muni d'un permis dont la délivrance sera effectuée à la recette buraliste de la résidence par les soins de l'administration des contributions indirectes, sur la déclaration de l'intéressé et la représentation du récépissé remis par la préfecture, et donnera lieu, à partir du 1er janvier 1920, au payement d'un droit calculé ainsi qu'il est dit ci-après à l'article 100.

Sont exemptés des taxes établies par la présente loi les voitures et wagons de tramways et de chemins de fer d'intérêt local et les camions et autobus assurant un service public de transport concédés ou subventionnés par l'Etat, les départements ou les communes, dont le régime d'imposition n'est pas modifié.

Art. 100. — Les droits auxquels sont assujetties les automobiles servant au transport des personnes sont calculés ainsi qu'il suit :

a) Droits prévus par la loi du 30 décembre 1916 majorés de 50 % ;

b) Taxe de circulation ainsi fixée :

Pour les automobiles de :	12 HP et au-dessous	100 »
	13 à 24 HP	200 »
	25 à 36 HP	300 »
	37 à 60 HP	400 »
	61 HP et au-dessus	500 »

Les automobiles servant au transport des marchandises et les sidecars seront imposés comme les automobiles servant au transport des personnes, qui comportent une ou deux places.

Les voitures automobiles employées pour l'exercice d'une profession agricole ou patentée et les voitures automobiles publiques payeront seulement la moitié des droits visés au paragraphe *a*. La taxe supplémentaire leur sera appliquée intégralement.

Les droits perçus par l'Etat (taxe de circulation non comprise) sur les automobiles seront majorés de 25 % et le produit de cette majoration servira à constituer un fonds commun qui sera réparti entre les départements.

Les canots automobiles de plaisance sont frappés des mêmes droits de circulation que les voitures automobiles et soumis aux mêmes formalités.

Toutefois, la taxe de circulation pour les canots d'une force inférieure à douze chevaux est ainsi réduite :

Canots de :

5 HP et au-dessous, 25 francs par an.

6 à 9 HP, 50 francs par an.

10 à moins de 12 HP, 75 francs par an.

Art. 101. — Les droits déterminés par l'article précédent, afférents aux périodes trimestrielles écoulées depuis le 1er janvier 1920 ou en cours au moment de la promulgation de la présente loi, sont immédiatement exigibles. Pour l'avenir, les droits sont exigibles par trimestre et d'avance.

Les intéressés ont toutefois la faculté de se libérer par an et d'avance.

Le permis de circulation prévu à l'article 99 cesse d'être valable s'il ne porte pas la mention du payement de l'impôt pour la période en cours.

En cas de cession de la voiture, la carte de circulation doit être transférée par l'administration des contributions indirectes au nom du nouveau propriétaire sur déclaration faite par celui-ci au bureau de la régie. Ce transfert n'apporte aucune modification à la durée de sa validité.

Art. 102. — Les agents des contributions indirectes et des octrois et tous autres agents ayant qualité pour dresser des procès-verbaux en matière de roulage constateront les contraventions aux dispositions des articles précédents. Les conducteurs de voitures automobiles devront leur représenter, à toute réquisition, le permis de circulation sur la voie publique, dans les établissements ouverts au public et en tous lieux où ces agents ont accès.

Les contraventions constatées et poursuivies comme en matière de contributions indirectes seront punies d'une amende de 50 à 200 francs en principal, indépendamment de la confiscation et du quintuple des droits fraudés ou compromis.

Art. 103. — Les dispositions prévues par les lois antérieures sont annulées en ce qu'elles sont contraires aux dispositions prévues par les articles 99 à 102.

Art. 104. — Un droit intérieur de 20 francs par hectolitre est établi sur les huiles minérales raffinées ou lampantes et les essences de pétrole et autres, pures ou en mélange, destinées à être consommées en France. Les définitions et caractéristiques des produits seront celles suivies pour l'application du tarif douanier aux produits importés de l'étranger.

L'impôt est exigible :

1° Au moment de l'importation pour les produits importés ;

2° A la sortie des raffineries et autres établissements de production pour les quantités obtenues à l'intérieur.

Les droits peuvent être acquittés en obligations cautionnées dans les conditions fixées par la loi du 15 février 1875.

Les raffineries de pétrole et autres établissements producteurs de produits imposables sont soumis à la surveillance des agents des douanes et des contributions indirectes.

Des décrets détermineront les obligations des producteurs et notamment les déclarations qu'ils devront effectuer, les formalités afférentes à la sortie des produits et à leur circulation dans le voisinage des établissements, les conditions dans lesquelles seront exempts des droits les produits exportés.

Les essences imposables mélangées à l'alcool dans les proportions déterminées par arrêtés du ministre des finances et aux conditions fixées par ces arrêtés seront exonérées des droits établis par le présent article.

Dans les trois jours de la publication des décrets prévus par le présent article, les producteurs de produits imposables devront faire à la régie des contributions indirectes la déclaration de leur profession et indiquer les quantités de produits dont ils sont détenteurs.

Tout nouveau fabricant ne pourra commencer ses travaux qu'après une déclaration préalable d'ouverture faite huit jours à l'avance au bureau des contributions indirectes.

Les contraventions aux dispositions qui précèdent et aux décrets qui seront rendus pour leur exécution seront punies d'une amende de 50 à 500 fr., du quintuple des droits fraudés et de la confiscation des objets saisis.

Dans le même délai que celui précédemment indiqué pour les producteurs, tous commerçants et dépositaires des produits désignés ci-dessus devront faire au bureau de la régie des contributions indirectes la déclaration des quantités en leur possession. Ces quantités seront reprises par voie d'inventaire et passibles de l'impôt. Un délai d'un mois sera accordé pour le payement du droit. Toute quantité non déclarée donnera lieu au payement en sus du droit, d'une amende double de ce droit.

Art. 105. — Un droit intérieur de 20 francs par hectolitre est établi sur les benzols, benzines, toluènes, essences de houille pures ou en mélange. Des décrets rendus après avis du comité consultatif des arts et manufactures définiront les caractères physiques et chimiques de ces produits.

L'impôt est exigible :

1° Au moment de l'importation pour les produits importés ;

2° A la sortie des établissements de production pour les quantités obtenues à l'intérieur.

Les droits peuvent être acquittés en obligations cautionnées dans les conditions fixées par la loi du 15 février 1875.

Les établissements producteurs de benzols et autres produits imposables sont soumis à la surveillance des agents des contributions indirectes. Des abonnements pourront être consentis aux industriels pour le payement des droits dont ils sont redevables.

Des décrets détermineront les obligations des producteurs et notamment les déclarations qu'ils devront effectuer, les formalités afférentes à la sortie des produits et à leur circulation dans le voisinage des établissements, les conditions dans lesquelles seront exempts des droits les produits exportés.

Sont exempts de l'impôt établi par le présent article les produits employés à la fabrication des matières colorantes et produits chimiques, sous les conditions que déterminera le ministre des finances, après avis du comité consultatif des arts et manufactures.

Les benzols et autres produits imposables mélangés à l'alcool dans les proportions déterminées par arrêtés du ministre des finances et aux conditions fixées par ces arrêtés seront exonérés des droits établis par le présent article.

Dans les trois jours de la publication du décret prévu au premier paragraphe du présent article, les producteurs de produits imposables devront faire à la régie des contributions indirectes la déclaration de leur profession et indiquer les quantités de produits dont ils sont détenteurs.

Tout nouveau fabricant ne pourra commencer ses travaux qu'après une déclaration préalable d'ouverture faite huit jours à l'avance au bureau des contributions indirectes.

Les contraventions aux dispositions qui précèdent et aux décrets qui seront rendus pour leur exécution seront punies d'une amende de 50 à 500 francs, du quintuple des droits fraudés et de la confiscation des objets saisis.

Dans le même délai que celui précédemment indiqué pour les producteurs, tous commerçants et dépositaires de produits désignés ci-dessus devront faire au bureau de la régie des contributions indirectes la déclaration des quantités en leur possession. Ces quantités seront reprises par voie d'inventaires et passibles de l'impôt. Un délai d'un mois sera accordé pour le payement du droit. Toute quantité non déclarée donnera lieu au payement, en sus du droit, d'une amende double de ce droit.

Art. 106. — Les achats et les importations des huiles et essences de pétrole continueront d'être faits exclusivement par l'Etat jusqu'au 31 décembre 1920, dans les conditions où ces achats et ces importations sont faits depuis le 21 août 1918.

Art. 107. — Les taxes de consommation établies par l'article 17 de la loi de finances du 30 décembre 1916 sont portées au taux ci-après :

Café en fèves et pellicules	75 »
Café torréfié ou moulu	95 »
Cacao en fèves et pellicules	40 »
Cacao broyé et beurre de cacao	52 »
Chocolat contenant plus de 55 % de cacao	52 »
Chocolat contenant 55 % ou moins de cacao	28 »
Chocolat au lait contenant, au plus, 10 % de cacao	5 20
Poivre, piment et produits d'imitation contenant du poivre ou du piment	208 »
Amomes et cardamomes, cannelle, girofle, cassia lignea et muscades en coques	80 »
Muscades sans coques et macis	120 »
Vanille	160 »
Thé, y compris les fleurs et boutons	80 »

Tous commerçants ou dépositaires de produits désignés ci-dessus devront, dans le délai de trois jours de la promulgation de la présente loi, faire au bureau de la régie des contributions indirectes la déclaration des quantités existant en leur possession. Ces quantités seront reprises par voie d'inventaire et immédiatement soumises au supplément de taxe intérieure. Un délai d'un mois sera accordé pour le payement.

Toutefois, les quantités qui seront utilisées pour les fabrications comportant exemption du droit de douane, telles que la caféine ou la théobromine, bénéficieront de la détaxe.

Toute quantité non déclarée donnera lieu au payement, en sus du supplément de taxe y afférent, d'une amende égale au double de ladite somme.

Art. 108. — Un droit de consommation de 100 francs par kilogramme est établi sur la vanilline et ses dérivés ou substituts.

Ce droit est perçu à la sortie des fabriques par l'administration des contributions indirectes. En ce qui concerne les produits importés, il est perçu à l'importation, indépendamment des droits de douane. Il est payable en numéraire ou en obligations cautionnées dans les conditions prévues par la loi du 15 février 1875.

Toute personne voulant se livrer à la fabrication de l'une des substances visées au paragraphe premier du présent article, est tenue d'en faire la déclaration au bureau de la régie et de se munir d'une licence dont le coût est de 100 francs par an. Pour les fabriques déjà existantes, la déclaration devra être faite dans les vingt-quatre heures de la promulgation de la présente loi.

Des décrets régleront toutes les mesures nécessaires pour assurer l'application du présent article, notamment en ce qui concerne la surveillance des fabriques, les obligations des fabricants et de tous les détenteurs, les formalités à la circulation, le poids et le mode d'emploi des paquets ou flacons contenant les produits imposés.

Les infractions aux dispositions du présent article et à celles des décrets rendus pour son exécution sont punies de la confiscation des objets saisis, d'une amende de 500 francs à 5.000 francs et du payement du quintuple des droits fraudés ou compromis.

Art. 109. — Le droit de consommation sur les sucres est porté au taux ci-après, décimes compris :

Sucres raffinés ou agglomérés et sucres livrés directement à la consommation : 50 francs par 100 kilogr., poids effectif ;

Sucres bruts destinés au raffinage : 50 francs par 100 kilogr. exprimés en raffiné ;

Sucres candis : 53 fr. 50 par 100 kilogr., poids effectif ;

Mélasses de raffinerie : 2 fr. 25 par 100 kilogr., poids effectif ;

Le droit sur les glucoses définies par l'article 23 de la loi du 19 juillet 1880, est porté à 15 francs par 100 kilogr., poids effectif.

Le droit sur la saccharine et les autres substances édulcorantes artificielles est élevé à 400 francs par kilogr.

La majoration de tarif sera appliquée aux produits libérés d'impôt, mélasses exceptées, existant au moment de la promulgation de la présente loi, en la possession de tous commerçants et dépositaires.

Ces quantités devront faire, dans les trois jours de la promulgation de la présente loi, de la part tant de leurs défenseurs réels que de leurs véritables propriétaires, le cas échéant, l'objet d'une déclaration au bureau de la régie des contributions indirectes. Elles seront reprises par voie d'inventaires et immédiatement soumises à la surtaxe. Devront être comprises dans la déclaration, les quantités de saccharine contenues dans les produits préparés propres à l'édulcoration. Un délai d'un mois est accordé pour le payement.

Toute quantité non déclarée donnera lieu au payement, en sus de la surtaxe, d'une amende double de ladite surtaxe.

TITRE V

DISPOSITIONS DIVERSES

Art. 110. — Il est ajouté deux décimes et demi au principal de toutes les pénalités fiscales, y compris celles prononcées par la présente loi, qu'elles soient ou non déjà assujetties aux décimes par les lois en vigueur.

Le montant des amendes pénales prononcées par les cours et tribunaux sera majoré de 20 décimes.

Art. 111. — Sont définitivement acquis à l'Etat, exception faite pour les sociétés d'habitations à bon marché :

1° Le montant des coupons, intérêts ou dividendes atteints par la prescription quinquennale et afférents à des actions ou à des obligations négociables émises par toute société commerciale ou civile ou par toute collectivité soit privée, soit publique ;

2° Les actions, parts de fondateurs, obligations et autres valeurs mobilières des mêmes sociétés ou collectivités, lorsqu'elles sont atteintes par la prescription trentenaire ;

3° Les dépôts de sommes d'argent et, d'une manière générale, tous avoirs en espèces dans les banques, les établissements de crédit et tous autres établissements qui reçoivent des fonds en dépôt ou en compte courant, lorsque ces dépôts ou avoirs n'ont fait l'objet, de la part des ayants droit, d'aucune opération ou réclamation depuis trente années.

Les agents de l'enregistrement, des domaines et du timbre ont droit de prendre communication au siège des banques, établissements ou collectivités visés au présent article ou dans leurs agences ou succursales, de tous registres, délibérations et documents quelconques pouvant servir au contrôle des sommes ou titres à remettre à l'Etat.

Un règlement d'administration publique déterminera les conditions d'application des dispositions ci-dessus.

Toute contravention aux dispositions du présent article ou du règlement d'administration publique prévu au paragraphe précédent sera punie d'une amende de 100 à 5.000 francs, augmentée, le cas échéant, d'une somme égale au montant des coupons, intérêts, dividendes, dépôts ou avoirs ou à la valeur nominale des titres pour le versement ou la remise desquels une omission, une dissimulation ou une fraude quelconque aura été commise au préjudice de l'Etat par la Société, la collectivité ou l'établissement intéressé.

Art. 112. — Quiconque se sera frauduleusement soustrait ou aura tenté de se soustraire frauduleusement au payement total ou partiel des impôts établis par les lois au profit du Trésor public sera puni d'une amende de 1.000 francs au moins et de 5.000 francs au plus, sans préjudice des droits du Trésor.

En cas de récidive dans un délai de cinq ans, il sera puni, en outre, d'un emprisonnement d'un an au moins et de cinq ans au plus, et pourra être privé en tout ou en partie, pendant cinq ans au moins et dix ans au plus, des droits civiques énumérés par l'article 42 du code pénal.

Le tribunal pourra, de plus, ordonner que le jugement sera publié intégralement ou par extraits dans les journaux qu'il désignera et qu'il sera affiché dans les lieux qu'il indiquera, le tout aux frais du condamné, sans toutefois que les frais de la publication et de l'affichage puissent dépasser 5.000 francs.

Les dispositions des six derniers alinéas de l'article 7 de la loi du 1er août 1905 sur la répression des fraudes dans les ventes de marchandises et des falsifications des denrées alimentaires et des produits agricoles seront applicables.

L'article 463 du code pénal pourra être appliqué.

Les poursuites seront engagées à la requête de l'administration compétente et portées devant le tribunal correctionnel dans le ressort duquel l'impôt aurait dû être acquitté.

Il n'est pas dérogé, en matière de douanes, de contributions indirectes et de culture de tabac autorisée, aux pénalités et au mode de répression édictés par les lois en vigueur dont les dispositions demeureront applicables.

Art. 113. — L'impôt général sur le revenu et l'impôt sur les traitements et salaires seront étendus aux départements du Bas-Rhin, du Haut-Rhin et de la Moselle, pour l'exercice 1920, conformément à la présente loi et à la législation antérieure en là matière.

Dans le délai d'un mois à partir de la promulgation de la présente loi, un décret, contrésigné par le président du Conseil, prescrira les mesures d'application de cette disposition. Ce décret sera soumis à la ratification des Chambres dans un nouveau délai d'un mois.

Les impositions locales portant sur l'impôt sur les traitements et salaires, tel qu'il existe actuellement dans lesdits départements, continueront provisoirement à être établies et perçues conformément à la législation locale en vigueur.

Art. 114. — Les taxes créées par les articles 57 à 76 de la présente loi seront applicables de plein droit aux départements du Bas-Rhin, du Haut-Rhin et de la Moselle, suivant les modalités déterminées par le règlement d'administration publique prévu à l'article 67.

Seront considérées comme soumises, dans les départements du Bas-Rhin, du Haut-Rhin et de la Moselle, à ladite taxe, les personnes qui y seraient assujetties par application de l'article 59, si elles habitaient dans les autres départements français. Seront exemptées de la taxe prévue à l'article 59 toutes les affaires réalisées dans les départements du Bas-Rhin, du Haut-Rhin et de la Moselle et qui seraient exonérées par application de l'article 60, si elles étaient effectuées dans les autres départements français.

Est abrogée, à dater de la mise en application de ces prescriptions, la loi d'Empire du 26 juillet 1918 relative à l'impôt sur le chiffre d'affaires. Les délais prévus par cette loi pour le payement des droits exigibles commenceront à courir à partir de la même date en ce qui concerne les droits dus pour la période postérieure au 1er janvier 1920.

La présente loi, délibérée et adoptée par le Sénat et par la Chambre des députés, sera exécutée comme loi de l'Etat.

Fait à la Monteillerie, le 25 juin 1920.

P. DESCHANEL.

Décret du 26 Juin 1920 classant les
Objets de Luxe

Décrète :

Article premier. — Sont classés comme étant de luxe, les marchandises, denrées, fournitures ou objets quelconques énumérés aux tableaux A et B annexés au présent décret.

Art. 2. — Sont exclus de l'exonération prévue à l'article 72 de la loi susvisée les objets de luxe inscrits au tableau C annexé au présent décret.

Art. 3. — Les dispositions du présent décret sont applicables à partir du 1er juillet 1920.

Art. 4. — Le ministre des finances est chargé de l'exécution du présent décret, qui sera immédiatement soumis à la ratification législative.

Fait à la Monteillerie, le 26 juin 1920.

P. DESCHANEL.

TABLEAU A

Objets classés comme étant de luxe en raison de leur nature :

Automobiles, neuves ou d'occasion, servant au transport des personnes, leurs châssis, leurs carrosseries, garnitures et accessoires, à l'exception des pièces détachées exclusivement destinées aux réparations.

Bijouterie d'or, d'argent, de platine et bijouterie d'imitation en toutes matières.

Billards et accessoires.

Bonneterie et lingerie de soie pure ou mélangée, lingerie en batiste de fil ou de lin.

Bronzes d'art, ferronnerie et serrurerie d'art.

Chevaux, poneys, mules et mulets de luxe.

(Les éleveurs n'ont pas à supporter la taxe de 10 p. 100.)

Chiens et autres animaux de luxe.

Curiosités, antiquités, livres anciens et tous objets de collection.

Eaux-de-vie, liqueurs, apéritifs et vins de liqueur.

Fusils de chasse, articles de chasse ou d'armurerie.

Gibier vivant pour chasse ou repeuplement.

Harnachements pour chevaux de selle.

Joaillerie fine.

Librairie : éditions d'art sur papiers spéciaux à tirage limité.

Livrées, uniformes des gens de service des établissements privés.

Montres en or ou en platine.

Objets en écaille ou en ivoire.

Orfèvrerie d'or, d'argent ou de platine, y compris les médailles, jetons et plaquettes.

Parfumerie : extraits, essences, parfums, pâtes d'amande, crèmes de beauté, poudre de riz, fards, sachets et poudres à sachets, teintures : tous articles, à l'exclusion des savons et dentifrices.

Peintures, aquarelles, pastels, dessins, sculpture originale.

(Sont exemptes de la taxe de 10 p. 100 les œuvres originales de cette catégorie vendues directement par l'auteur.)

Perles fines.

Pianos autres que les pianos droits, phonographes, gramophones, pianos mécaniques, et leurs accessoires.

Pierres précieuses, gemmes naturelles.

Reliures d'art.

Tapisseries anciennes ou modernes, en laine ou en soie, tissées au métier ou à la main, tapis d'Orient, tapis de la Savonnerie.

Truffes, volailles et gibier truffés, pâtés truffés.

Verrerie d'art, vitraux en tous genres, faïences et porcelaines d'art.

Vêtements de vénerie, amazones.

Canots et bateaux de plaisance à propulsion mécanique, yachts.

TABLEAU B

Objets classés comme étant de luxe, lorsque le prix de vente excède le prix porté ci-dessous :

	La pièce
Abat-jour :	
en porcelaine ou en verre	40 fr.
en toute autre matière......	20
Appareils de photographie, objectifs, à l'exclusion des appareils et objets servant à la radiographie et au service médical...................	150
Articles de Paris, tous bibelots de fantaisie d'origine française ou étrangère, en tous genres et en toutes matières, sauf ceux compris au tableau A...................	20
Articles de fantaisie pour bureau	10
Articles de fumeurs......	12
Articles de piété..........	30
Brosserie, peignes et autres objets de toilette......	25
Cadres	50
Cannes, cravaches........	15

(Sont exemptes de la taxe de 10 p. 100 les cannes nécessaires aux infirmes et aux mutilés.)

Céramique :

a) Service de table, 12 couverts, 74 pièces..............	400
Service à dessert, 12 couverts, 42 pièces..............	200
Pièces isolées : assiette....	4
Petites pièces : moutardier, ravier, salière, porte-couteau, etc.	6
Pièces moyennes : saucière, plat, compotier, jatte, sucrier, assiette à pied........	12
Grosses pièces : soupière, légumier, saladier..........	30
b) Service de toilette complet	100
Pièces isolées.................	30
c) Service à thé ou à café	50
Petite pièce isolée........	6
Grosse pièce...............	12
Chapellerie pour hommes.	60
Chapeaux de femmes......	80
Chaussures :	
Enfants	75
Hommes et femmes........	100

Chocolats, cacaos :

Chocolats sous toutes formes, tablette, poudre, etc., cacao mélangé de sucre, le kilogr...................	12
Cacaos purs, sous toutes formes, le kilogr.............	13
Colliers et laisses de chien	15
Confiserie, le kilogr.......	12
Corsets, ceintures, soutiens-gorge :	
Corsets	80
Ceintures, soutiens-gorge..	50
Costume :	
a) Costumes complets ou pardessus :	
d'enfants	200
de garçonnets.............	300
d'hommes (habit, redingote, jaquette)..............	600
b) Complet veston pour hommes	500
c) Pièces séparées :	
Gilet	50
Pantalon	150
Habit, smoking, redingote, jaquette..............	400
Veston	300
d) Costumes de femmes :	
Fillettes	300
Dames	600
e) Manteaux de femmes :	
Fillettes	300
Dames	600
f) Pièces détachées :	
Jupes	250
Corsages	175
g) Vêtements d'intérieur :	
Pour dames, peignoirs et robes de chambre............	125
Pyjamas	50
Pour hommes, robes de chambre	250
Pyjamas	50
h) Accessoires de vêtements pour hommes, femmes ou enfants :	
Cravates, bretelles, foulards et tous autres articles	20
i) Bonneterie de laine, lingerie de corps pour hommes, femmes ou enfants..........	60

Tout article de bonneterie ayant un caractère de vêtement est classé dans la catégorie des vêtements, costumes ou manteaux pour hommes, femmes ou enfants.

Coutellerie, ciseaux, tous articles d'une taille inférieure à 25 centimètres......	25
Couvertures, couvre-pieds, édredons	275

Dentelles, broderies, guipures :
Au mètre, à la mécanique.   10
Au mètre, à la main......   25
A la pièce, à la mécanique   20
A la pièce, à la main......   50
Eventails   10

Fleurs naturelles, artificielles ou stérilisées, plantes de serres ou d'appartement, l'achat   10

Fourrures   250

Ganterie : la paire........   20
Garnitures de foyer.......   150

Gravures, estampes, photographies d'art, reproductions d'œuvres d'art par la photographie   100

Guêtres, jambières, la paire ....   45 fr.

Instruments de jeu et de sport   60

Instruments de pêche, à l'exclusion des filets de pêche servant à l'exercice de la profession de pêcheur   15

Instruments de musique autres que ceux portés au tableau A   400

Jouets   30

Jumelles, lorgnettes, face à main, stéréoscopes   30
Lampes appliques   100

Linge de maison :
Le drap   200
La taie   30
La nappe, le mètre carré..   45
Serviette de table ou de toilette   12
Tous autres articles   12

Lustres, suspensions, plafonniers :
Lustres et suspensions ...   200
Plafonniers   150
Malles   150
Maroquinerie, gainerie, l'article   20

Meubles :
Chambre à coucher :
1 armoire 1.500
1 lit 1.200
1 table de nuit   300
               —————
               3.000

Salle à manger :
1 buffet 1.500
1 table   600
6 chaises à 150 fr.   900
               —————
               3.000

Salon :
1 canapé 1.200
2 fauteuils à 600 fr. 1.200
2 chaises à 300 fr.   600
               —————
               3.000

Cabinet de travail :
1 bibliothèque 1.500
1 bureau 1.100
1 fauteuil   400
               —————
               3.000

Meubles autres que ceux ci-dessus désignés, qui sont généralement vendus à la pièce :
Grandes pièces 1.500
Moyennes pièces   600
Petites pièces   300
Pièces détachées de moindre importance   150

Doivent être compris dans les grandes pièces, notamment :
Armoire d'antichambre.
Grand canapé ou divan.
Armoire de cabinet de toilette ou armoire de garde-robe.
Cartonnier double.
Commode de chambre à coucher.
Commode de salon.
Bibliothèque de fantaisie ou de salon.
Vitrine de salon à plusieurs portes.
Meuble crédence ou vaisselier.
Argentier.

Doivent être compris dans les pièces moyennes, notamment :
Porte-chapeaux.
Banquette.
Table.
Fauteuil.
Cartonnier simple.
Console.
Chevalet de salon.
Chiffonnier.
Vitrine de salon à une porte.
Paravent.
Dressoir.
Etagère à découper, pannetière.
Gaine.
Servante automatique.
Boîte à horloge.
Toilette-lavabo à effet d'eau.
Toilette-commode.
Toilette duchesse.
Chaise longue en une ou plusieurs parties.
Bureau de dame.
Caqueteuse.

Doivent être compris dans les petites pièces, notamment :
Chaise garnie ou chauffeuse.
Ecran.
Banquette de salon, sans dossier.
Tabouret ou banquette de piano.
Casier à musique.
Table à thé.
Table gigogne.
Table à ouvrage.
Guéridon.
Colonne.
Sellette d'artiste.
Jardinière.

Liseuse.
Prie-Dieu.
Tabouret pouff.
Servante mobile de salle à manger.
Table de nuit ou verre d'eau.
Vide-poches.
Table à jeu.
Coiffeuse ou poudreuse.
Canapé en rotin ou osier.
Berceau ou lit d'enfant.
Doivent être compris, notamment, dans les pièces détachées de moindre importance :
Chaise cannée ou paillée.
Fauteuil et chaise rotin ou osier.
Tabouret de pied ou pouff de pied.
Métier à broder.
Bibus.
Etagère à suspendre.
Fauteuil de table fixe ou pliant.
Escabeau.

Miroiterie :
Miroirs .... 50 fr.
Glaces encadrées 200
Motocyclettes, cyclecars et similaires 2.000
Sidecar isolé 1.000
Montres autres que celles portées au tableau A...... 200
Mouchoirs, à la douzaine. 48
Orfèvrerie en métal commun, doré, argenté ou non, à l'exclusion des couverts de table, la pièce 20
Papiers de tenture, le rouleau de 8 mètres 30
Parapluies, parasols, ombrelles 80
Parfumerie : objets autres que ceux portés au tableau A :
Savons, poudres, pâtes dentifrices, sous toutes formes, l'article 3
Dentifrices, le litre 35
Alcools de toilette, le litre. 20
Parures en plume, boas, collets, etc. 50
Pelleteries, la pièce 100
Pendules, cartels, horloges. 500
Pianos droits, orgues et harmoniums 3.000
Plumes de parure 10
Reliure, par volume :
In-8° et formats plus petits. 20
In-folio et in-4° 40
Réveille-matin, pendule de voyage, pendulette de bureau 50
Rideaux, encadrements de lits, porte-fenêtres :
Par rideau ou encadrement .... 200 »
Portière double 200
Portière simple 100
Décoration de lit 100
Rideaux de vitrage, brise-bise, la paire 50
Rubans, passementerie, le mètre ou le motif 10
Sacs de dame, en toutes matières 50
Sellerie :
Harnais complet à l'usage

des voitures pour le service particulier 1.500
Pièces isolées 300
(Sont exempts de la taxe de 10 % les articles de bourrellerie.)
Stores de fenêtre ou de vitrage 100
Stylographes 40
Sujets en bronze d'imitation 20
Tapis :
Carpettes 250
Descentes de lit ou foyer. 100
Tapis cloué, le mètre ($1^m \times 0^m70$) 30
Tapis cloué (largeur supérieure) 40
Tapis de table 100
Dessus de lit 150
Tentures murales, de toutes natures, le mètre carré 5
Tissus en toutes matières pour vêtement ou ameublement, le mètre carré 50
Valises, sacs de voyage, trousses garnies 100
Verrerie et cristallerie :
Grand verre 6
Petit verre 3
Pièces de toilette ou de bureau 25
Grosse pièce 25
Service de table, 52 pièces. 300
Les services à madère, bière, liqueurs et autres sont taxés, d'après leur composition, suivant les prix unitaires.
Timbres-poste pour collections, l'achat 5
Vins :
En fût, par litre 3
(Les fûts facturés à part, pour leur valeur marchande, n'entrent pas en ligne de compte pour le calcul de la taxe instituée par l'article 73 de la loi du 25 juin 1920).
En bouteille 5
(Pour le calcul de la taxe instituée par l'article 73 de la loi du 25 juin 1920, il sera déduit une somme de 1 fr. par bouteille, afin de tenir compte de la valeur du verre, de l'habillage et des emballages.)
Voitures à chevaux pour le service particulier 3.000
Volières et cages 15

TABLEAU C

Objets de luxe exclus de l'exonération prévue à l'article 72 de la loi du 25 juin 1920.
Ouvrages de modes.
Robes et manteaux.
Dentelles et plumes.
Vu pour être annexé au décret du 26 juin 1920.

Le ministre des finances,
F. FRANÇOIS-MARSAL.